Die Nordwest-Passage durch das »Spinnennetz« des nordwestlichen Kanada

ROUTE Roald Amundsen 1903-1906
ROUTE Arved Fuchs 1993
ROUTE *Hanseatic* 1994
Grenze des permanenten Eises
Landesgrenze

50 100 150 200 250 300 km

M 1:5300000

Helfried Weyer

Nordwest-Passage

Kurs Nordwest!
Hundert Sonnenauf- und -untergänge ergeben hundert unterschiedliche Bilder, hundert ganz verschiedene Stimmungen. Dabei ändert sich das Bild von Minute zu Minute. Langweilig wird dieses Schauspiel nie, weil die Natur grundsätzlich aufregend und großartig ist.

Helfried Weyer

Nordwest-Passage

Koehlers Verlagsgesellschaft mbH · Hamburg

Die Gestaltung des Schutzumschlages erfolgte unter Verwendung von Autorenfotos. Das Titelbild zeigt die MS *Hanseatic;* auf der Rückseite ist die *Gjöa* als Buddelschiff zu sehen.
Auf der hinteren Klappe sind Helfried und Renate Weyer zusammen mit der belgischen Sängerin Norma Hendy abgebildet.

Die Karte auf dem vorderen und die Karte »Die Beechey-Insel« auf dem hinteren Vorsatzpapier erstellte Norbert Böttcher, *N*Point, Berlin.

Die Deutsche Bibliothek – CIP-Einheitsaufnahme
Weyer, Helfried:
Nordwest-Passage / Helfried Weyer.
Hamburg: Koehler, 1995
ISBN 3-7822-0638-X
NE: HST

ISBN 3-7822-0638-X; Warengruppe 6l

Schutzumschlag-, Einband- und Innentitelgestaltung: Regina Meinecke, Hamburg
Layout und Produktion: Robert Johannes
Reproduktionen: Repro Meyer, Bünde
Gesamtherstellung: Kunst- und Werbedruck, Bad Oeynhausen
Printed in Germany

Inhalt

THE NORTHWEST PASSAGE SONG

Westward from the Davis Strait
'tis was there 'was said to lie
the sea route to the Orient
for which so many died
seeking gold and glory
leaving weathered broken bones
and a long forgotten lonely cairn of stones

Refrain

Ah for just one time
I would take the Northwest-Passage
to find the hand of Franklin
reaching for the Beaufort Sea
tracing one warm line
through a land so white and savage
and make a Northwest-Passage
to the sea

Three centuries thereafter
I take passage overland
in the footsteps of brave Kelsey
where his sea of flowers began
watching cities rise before me
then behind me sink again
the tardiest explorer driving hard across the plain

Refrain

And through the night behind the wheel
the mileage clicking west
I think upon McKenzie, David Thompson, and the crest
who cracked the mountain ramparts
and did show a path for me
to race the roaring fraser to the sea

Refrain

How then am I so different
from the first men through this way
like them I left a settled life
I threw it all away
to seek the *Northwest-Passage*
at the call of many men
to find there but the road back home again

Refrain

Hast Du das große Schweigen erlebt, hast Du gewagt, das Unbekannte aufzusuchen, unbekannte Wege begangen, die weißen Flecken der Karte gekreuzt? Hast Du Gott in seiner unendlichen Größe gesehen, den Text gehört, den die Natur Dir predigt?«
Fridtjof Nansen am Grab von Roald Amundsen.
Die Aufnahme zeigt den Peel Sound, eine Schlüsselstelle in der Nordwest-Passage.

Vorwort

Die Arktis ist ein gnadenloser Lehrmeister.

Als wir am 15. August 1993 während unserer internationalen *Icesail*-Expedition mit meinem Segelschiff *Dagmar Aaen* vor Beechey Island in der Nordwest-Passage vor Anker gingen, konnten wir die historische Dimension dieses einsamen Ortes in der hohen Arktis körperlich spüren. Nicht nur, daß genau 90 Jahre vor uns der Norweger Roald Amundsen mit einem ganz ähnlichen Schiff, der *Gjöa*, an derselben Stelle geankert hatte; die Beechey Insel steht quasi exemplarisch für die ganze Tragik und den Schrecken, den alle frühen Polarfahrer in der Nordwest-Passage durchlebt und durchlitten hatten. Die Arktis war und ist ein gnadenloser Lehrmeister.

Hochmut, Selbstgefälligkeit und Technikgläubigkeit führten die frühen Expeditionen immer wieder ins Desaster. Die tragische Expedition des Briten Sir John Franklin, der mit zwei Schiffen und 129 Mann Besatzung den Tod in der eisigen Wildnis fand, steht stellvertretend für die unzähligen Tragödien, die sich in diesem Teil der Arktis abgespielt haben. Keine andere Region hat in der Polarforschung so viele Opfer gefordert wie die Suche nach der Nordwest-Passage.

Als wir vor den wenigen Gräbern und anderen Überresten der Franklin-Expedition standen, war das für uns mehr als nur erlebte Geschichte. Kein Museum kann die bedrückende Stimmung wiedergeben, die von diesem entlegenen Ort ausgeht. Deshalb gehören die verfallenen Reste einer Hütte (siehe Seite 50/51), Boots- und Ausrüstungsteile auch nur auf die Beechey Insel und nirgendwo anders hin!
Das ist ein öder und trister Ort – aber er spricht zu uns, ganz persönlich.

Der Platz sah vor neunzig Jahren, als Amundsen hier ankerte, nicht anders aus als heute. Aber dann entdeckten wir doch etwas Neues, das hat es zu Amundsens Zeiten nicht gegeben: Da lag eine Rumflasche mit einem Schreiben des Passagierschiffes *Frontier Spirit,* das unter Eisbrechergeleit 1992 durch die Passage gefahren war. (Die 1990 in Japan gebaute *Frontier Spirit* wurde 1993 für rund zwei Millionen DM bei der HDW Nobiskrug Werft in Rendsburg überholt und von Hapag Lloyd und Hanseatic Tours übernommen und auf den Namen *MS Bremen* umgetauft.) Der internationale Tourismus hat die Polarregionen entdeckt.
Franklin wird sich im kalten Grab umdrehen!

Stimmen werden laut, sie möchten diesen Tourismus in Arktis und Antarktis untersagen. Diese Pauschalmeinung teile ich nicht. Zum einen gibt es große qualitative Unterschiede in diesem Extremtourismus, zum anderen halte ich es für äußerst wichtig, wirklich interessierten Menschen den Zugang zu den einzigartigen Polarregionen zu ermöglichen. Nur so läßt sich eine breite und notwendige Lobby für den Erhalt dieser Naturlandschaften finden.

Die Polarlandschaften dürfen nicht »konsumiert« werden wie ein Freizeitpark. Damit würde man sie zur Spielwiese degradieren und ihre wahre Bedeutung für unsere Zivilisation herunterspielen. Heute stellt sich nicht mehr die Frage, ob man durch die Passage kommt, sondern allein nach dem Wie.
Das Ökosystem dieser arktischen Region ist äußerst empfindlich. Wer wirklich an den exponierten Landschaften interessiert ist, wer ihre Einzigartigkeit ehrlich zu schätzen weiß, der wird auch entsprechend Rücksicht nehmen. Nicht die Tatsache, daß eisgängige Passagierschiffe in die Nordwest-Passage fahren – und wirklich nur diesen sollte der Zugang ermöglicht werden – ist bedrohlich, sondern die Möglichkeit, durch Unkenntnis der Gegebenheiten irreparablen Schaden in der Natur anzurichten. Die Wildnis ist gottlob nicht beherrschbar. Wir alle müssen lernen, wieder mehr Respekt vor der Natur zu bekommen. Diese Verantwortung ist groß, die der Veranstalter, die Schiffsleitung und auch jeder einzelne Reisende während der Durchfahrt übernimmt. Ich wünsche mir, daß alle Verantwortlichen mit dem erforderlichen Respekt und der notwendigen Vorsicht der großartigen Naturlandschaft Nordwest-Passage gegenübertreten.
Bilder wie die von Helfried Weyer können nur dann entstehen, wenn eben jene Liebe und der notwendige Respekt vor der Wildnis vorhanden sind. Die Ästhetik der großflächigen Aufnahmen dieses Bandes stellt für mich eine positive Werbung für den Erhalt der arktischen Natur in ihrem derzeitigen Zustand dar. Trotz unvorstellbar harscher Lebensbedingungen habe ich auf all meinen Expeditionen in die Arktis und Antarktis eines sehr extrem und ausgewogen gefunden: Harmonie. Diese Harmonie der Wildnis im Süden wie im Norden gilt es im Interesse aller Lebewesen zu erhalten. Dieses neue Buch von Helfried Weyer weist in die richtige Richtung.

Bad Bramstedt, im Frühjahr 1995

Arved Fuchs

Zodiacs der *Hanseatic* im Eisfjord bei Ilulissat. Diese praktisch unsinkbaren Schlauchboote lassen Erkundungsfahrten und Anlandungen in fast allen Gewässern und an jeder Küste zu. Die Boote schwimmen auf drei luftgefüllten Kielen, unter denen Fahrt- und Gegenwind frei durchstreichen können, ohne das Zodiac hochzuheben und umzuwerfen. Die Konstruktion besteht aus fünf Luftkammern und den zusätzlichen drei Kielkammern.

Pflücke das Gold

Als Marco Polo im 13. Jahrhundert von seiner 24jährigen Weltreise aus China nach Venedig zurückkehrte und von den einzigartigen Schätzen und dem unermeßlichen Reichtum des fernen Wunderlandes Cathay (= China) anschaulich und überschwenglich berichtete, wurden die gierigen Kaufleute des Abendlandes unruhig. Im Märchenland Cathay – so Marco Polo – lag der Reichtum buchstäblich auf der Straße; dort gab es goldene Pflastersteine, die man einfach aufheben und mitnehmen konnte:
»Dort gibt es Gold in großen Mengen und viele wertvolle Steine. Dort gibt es unzählige Gewürze – völlig schneeweißen Pfeffer und auch eine große Menge schwarzen.«

Der Reichtum in Cathay schien geradezu unendlich zu sein. Aber wie konnte man von Europa aus kostengünstig und sicher an diese Schätze gelangen? Cathay war weit, und den Seeweg um das Kap der Guten Hoffnung im Süden Afrikas beherrschten alleine Portugiesen, den zweiten Seeweg um Kap Hoorn die Spanier. Noch unsicherer war der Landweg, auf dem die Handelskarawanen immer wieder von Wegelagerern und Herrschern mit hohen Zöllen belegt wurden.

Der Genuese Christoph Kolumbus suchte im Auftrag der spanischen Krone als einer der ersten Seefahrer den kurzen und direkten Weg zum großen Glück und zum materiellen Gewinn im Westen und stieß bei vier Reisen immer wieder gegen die noch unbekannte Landmasse Amerika und ihr vorgelagerte Inseln. Mit diesen Entdecker-Erfolgen teilten sich Portugal und Spanien das Seefahrermonopol in der südlichen Hemisphäre. Logisch und rationell erschien den neidvollen Kaufleuten der aufsteigenden Mächte Frankreich und England fortan allein die Umfahrung dieses ungeheuer großen und im geographischen Nebel liegenden Hindernisses Amerika im Norden. Dort, wo die Längengrade zusammenlaufen, mußte es ein offenes Polarmeer geben. Dieser Weg, den kein Seefahrer kannte und an den viele glaubten, wurde zum Traum und schließlich zum Trauma, zum Mythos. Daß die Wikinger schon einmal dorthin gesegelt waren, schien in Vergessenheit geraten.

Überzeugt von der Existenz einer Nordwest-Passage war bereits der italienische Seefahrer in englischen Diensten Sebastian Cabot. Sebastian, Sohn des Labrador-Entdeckers John Cabot (so nannte sich Giovanni Caboto in England), glaubte bei seiner Ausreise im Jahre 1509 fest an den Seeweg nach Cathay im Nordwesten und stützte diese Überzeugung auf logische Beweise aus dem Atlantik: In alten Schriften hatte er gelesen, daß fremdartige Früchte und Baumstämme an die Küsten Irlands, Englands und Frankreichs gespült worden waren. Auf Nordsee-Inseln hatte man bearbeitete Balken aus unbekanntem Holz gefunden und sogar Bootsreste mit »barbarischem Schnitzwerk«!
Sebastian Cabot ahnte, daß all diese Dinge nicht aus Asien über den westlichen Ozean nach Europa gekommen waren, sondern aus einer neuen Welt, deren Größe und Ausdehnung damals noch völlig unbekannt war. Und er dachte als erfahrener Seefahrer logisch und praktisch weiter:
»Wäre das mächtige und reiche Cathay, das Marco Polo mit seetüchtigen Schiffen und guten Kapitänen beschrieben hatte, wirklich so dicht im Westen, warum waren dann diese Schiffe nicht längst vor unseren Küsten aufgetaucht? Nein, da liegt ein ganz fremder Kontinent als Hindernis zwischen Europa und Asien, und ich werde ihn im Norden umfahren und den Beweis einer Nordwest-Passage erbringen.«
Sebastian Cabot wußte, daß sein Vater sich ebenso geirrt hatte wie Christoph Kolumbus. Er fand diese Durchfahrt nicht, entdeckte aber die Hudson Strait.
John und Sebastian Cabot gehören zu den ersten Suchern einer Nordwest-Passage und haben mindestens ebenso viel geleistet wie ein Christoph Kolumbus.

Ganz ähnlich wie den Cabot-Brüdern erging es den zahlreichen Folgeexpeditionen, die meistens von England aufbrachen und verschollen blieben oder mit leeren Händen zu ihren Auftraggebern zurückkehrten – ohne das erhoffte Gold von Cathay. In den vergangenen 500 Jahren suchten etwa drei Dutzend Expeditionen mit über 100 Schiffen die Passage.

Im Frühjahr 1619 ging der dänische Kapitän Jens Munk mit drei Schiffen auf die Suche nach der Passage. Er überwinterte in der Hudson Bay und verlor 61 seiner 64 Besatzungsmitglieder durch extreme Kälte und Skorbut und erreichte mit nur zwei Überlebenden nach drei Jahren wieder die Heimat. Knapp 100 Jahre nach Munk segelte James Knight, der damalige Leiter der Hudson's Bay Company, mit 40 Männern auf der Suche nach der Passage in den Tod. 40 Jahre später berichteten Inuit einem Suchtrupp der Hudson's Bay Company, daß sie zwei Überlebende der Knight-Expedition auf Marble Island gesehen hätten. Die beiden Männer standen auf einer Spitze der trostlosen Insel und hielten vergebens Ausschau nach ihrer Rettungsexpedition. »Nachdem sie dort gemeinsam eine beträchtliche Zeit ausgeharrt hatten – ohne, daß sich etwas zeigte –, setzten sie sich zusammen auf den Boden und weinten bitterlich. Schließlich starb der eine. Der andere war bereits so erschöpft, daß er bei dem Versuch, seinen Gefährten zu begraben, hinstürzte und ebenfalls starb.«

John Geiger und Owen Beattie, die Autoren des bekannten Buches »Der eisige Schlaf«, gingen auch auf Marble Island auf Spurensuche und fanden so gut wie nichts. Ihr Buch über die Knight-Expedition nannten sie treffend: »Totenstille«.

Zu besonders tragischem Ruhm gelangte Sir John Franklin, der bei seiner Suche nach der Nordwest-Passage neben den beiden Schiffen *HMS Erebus* und *HMS Terror* sein eigenes Leben und das von 128 ihm anvertrauter Männer verlor. Das Schicksal der verschollenen Franklin-Expedition ist bis heute in vielen Passagen ungeklärt und rätselhaft. Die Suche nach Franklin löste weltweit die größte Rettungsaktion in der Geschichte aus. Die Suche dauerte zwölf Jahre. Während dieser Zeit sandte England vierzig Expeditionen aus, teils zu Land und teils zur See. Erst 1859, vierzehn Jahre nach dem Auslaufen der Expedition, stellte Sir Leopold McClintock endgültig den Tod Franklins und seiner Mannschaft fest. Im Verlauf dieser gigantischen Suche wurden die letzten noch unbekannten Teilabschnitte der Nordwest-Passage gefunden. Ein ganz besonderer Verdienst gebührt dabei Kapitän Robert McClure, der in den Jahren 1850 bis 1854 den allerletzten Durchgang in der Passage fand: die Prince of Wales Strait.
Als dann Roald Amundsen die Nordwest-Passage als erster Mensch vollständig durchsegelte – in den Jahren 1903 bis 1906 –, wußten er und alle anderen: Die Pas-

Unsere Reise durch die Nordwest-Passage beginnt in Grönland, und Grönland ist so bunt wie kein anderes europäisches Land. Diese drei Grönländerinnen tragen ihre Nationaltracht aus bunten Glasperlen, Robbenfellhosen und weichen Lederstiefeln (ebenfalls aus Robbenleder). Alle Kleidungsstücke sind reich und kunstvoll bestickt.

sage führt nicht zu Gold und Reichtum. Wirtschaftlich ist sie völlig uninteressant – weil sie zu schwer und zu risikoreich und viel zu kostspielig ist. Dennoch fand Roald Amundsen seine goldenen Pflastersteine in der Passage. Gleich nach der Ankunft in seinem ersten Winterquartier, dem heutigen Gjoa Haven, schrieb der Norweger in sein Tagebuch: »Ich bin im schönsten Hafen der Welt!«

In unseren Tagen hat es auch noch einen erfolglosen Versuch gegeben, die Nordwest-Passage wirtschaftlich zu nutzen. Das war 1969. Die Schlagzeile »Ölfunde in Alaska« löste damals eines der abenteuerlichsten Unternehmen der modernen Seefahrt aus. Getrieben von dem Ziel, den wirtschaftlichsten Weg für den Abtransport des Öls von der Nordküste Alaskas an die Ostküste der USA zu finden, schickte die Exxon-Organisation am 4. September 1969 den Eisbrechertanker *Manhattan* von Thule (Grönland) durch die legendäre Nordwest-Passage nach Prudhoe Bay.

»Das Eis ist stärker als die Experten vermuteten. Die Schiffsschrauben mahlen, aber wir kommen keinen Zentimeter mehr im polaren Packeis vorwärts. Stille kehrt ein, alle Maschinen sind gestoppt. Bordhubschrauber, die zur Eisaufklärung gestartet sind, kehren mit dem Ergebnis zurück, daß im Umkreis von mehreren Kilometern keine eisfreie Stelle zu entdecken ist. Im Gegenteil – das Packeis wird immer dichter. Die Kielwasserspur ist noch frei, aber wie lange? An Deck ist es so kalt, daß wir Gesichtsmasken tragen müssen. Wir warten. Die Schiffsleitung hat offenbar eine Konferenz einberufen. Wir sehen Kapitäne und Offiziere zum Konferenzraum gehen.«
Das sind Augenzeugenberichte von Bord der *Manhattan*, die zeigen, welche Schwierigkeiten der Eisbrechertanker auf seiner kostspieligen Fahrt durch das Nordmeer überwinden mußte.

Drei Jahre dauerte die gefährliche Reise Amundsens durch das Eis der Passage, wobei er in Gjoa Haven zweimal überwintert hat. 1954 schaffte es das kanadische Forschungsschiff *Labrador* bereits innerhalb einer Navigationsperiode und 1969 die *Manhattan* in der Rekordzeit von nur 14 Tagen. Das Projekt *Manhattan* wurde zur teuersten Nordwestpassagen-Expedition der Geschichte: rund 160 Millionen D-Mark wurden in das Unternehmen gesteckt. Letztlich hat sich der Bau einer 1300 Kilometer langen Pipeline von Prudhoe Bay zum eisfreien Hafen Valdez als preiswerter und sinnvoller erwiesen.

Auch ich habe meine goldenen Pflastersteine dort in der hohen Arktis gefunden – in meinen Bildern.

Ich sehe sie vor mir, ganz nahe und wahrhaftig:
Da leuchtet die goldene Mitternachtssonne durch den kalten Nebel über dem Eis.
Kalte, blaue Schollen vor einem rotglühenden Sonnenball.
Nebelbänke über einem unwirklich weiten und klaren Horizont.
Moschusochsen treten aus der Unendlichkeit – demonstrieren uns Schöpfungsgeschichte.
Gelber arktischer Mohn zittert neben einsamen Gräbern im scharfen Wind.
Gesichter von Menschen unter warmem Pelz lachen mir entgegen.
Da flammt das geheimnisvoll smaragdgrüne Polarlicht vor dem funkelnden Sternenstaub des schwarzen Himmelsdomes.
Da ist jeder Blick in die Wildnis Gottesdienst. Du brauchst keinen Pfarrer und keine Kirche mehr.

Solche Bilder sind meine Pflastersteine von Cathay.
Pflücke dieses Gold – bewahre diese Natur und übe ehrlichen Respekt vor ihr!

Die Arktis lebt, leuchtet, funkelt in allen Farben, und du verstummst in Ehrfurcht vor der kosmischen Kälte und Stille.

Eisiger Nordwind fällt mich an wie der wilde Wolf den wehrlosen Schneehasen. Und weckt mich aus dem Traum; aus meinen Bildern.
Wo liegt das Glück? Wo der wahre Reichtum?
Wir alle suchen den direkten Weg dorthin. Deshalb braucht jeder von uns seine ganz persönliche Nordwest-Passage.

Die Landschaft der Nordwest-Passage ist durch Gletscher der Eiszeiten flachgehobelt, kaum spektakulär. Keine Antarktis mit Millionen Pinguinen, keine blendenden Eisberge wie vor Grönlands schroffen Küsten. Zu dieser eher trostlosen Landschaft zitiere ich John Richardson, der zusammen mit John Franklin in den Jahren 1825 bis 1827 beachtliche 1627 Kilometer Küstenlinie in der Nordwest-Passage kartographierte. Er schrieb in sein Tagebuch:
»Nirgends sah ich etwas, das der Feder wert gewesen wäre. So viel zum Land. Es ist ein ödes Thema und verdient es, kurz abgehandelt zu werden.«
Ich sehe das nicht so kritisch. Die Landschaft im Norden Kanadas wird durch den Mythos Nordwest-Passage groß und weit, bedrückend still und leer, lebensfeindlich und doch anziehend, großartig und faszinierend, unvergeßlich!

Nach den Entdeckern kamen, wie fast überall auf der Welt, die Touristen. Das sind wir. Auch ich bin Tourist – nicht mehr und nicht weniger.
Die *Hanseatic* war das vierte und größte Passagierschiff in der Geschichte der Passage. Bereits 1984 durchfuhr die *Lindblad Explorer* unter Kapitän Hasse Nilsson als erstes Kreuzfahrtschiff die Nordwest-Passage. Ein Jahr später, 1985, folgte die *World Discoverer* unter Kapitän Heinz Aye, dem 1988 seine zweite Nordwest-Passage mit der *Society Explorer (ex Lindblad Explorer)* gelang.
1991 blieb die *Frontier Spirit* unter Kapitän Heinz Aye im Eis der Passage stecken und mußte umkehren. Das japanische Schiff (heute die *Bremen*) war aber 1992 unter demselben Kapitän erfolgreich.

Neben diesen großartigen Leistungen von eisverstärkten Passagierschiffen und ihren erfahrenen Mannschaften wurde auch von privaten Expeditionen und Abenteurern immer wieder versucht, die Nordwest-Passage erfolgreich zu durchfahren. So zum Beispiel von Arved Fuchs und seiner internationalen Crew mit der *Dagmar Aaen*, die nur wenig größer ist als Amundsens *Gjöa*. Die Zeitschrift *Stern* schrieb über den Tourismus in der Nordwest-Passage:
»Wer eine exklusivere Strecke bereisen will, der muß zum Mond fliegen.«

Die Nordwest-Passage ist – wenn überhaupt – nur für wenige Wochen im Jahr als Seeweg für Schiffe nutzbar. Über zehn Monate lang liegt sie unter meterdickem Eis begraben. Über dieses Eis und den Schnee seiner Ufer zogen die Eskimovölker seit Jahrtausenden vom Westen in den Osten, von der Beringsee bis hinüber nach Grönland. Auch dieser unvorstellbar kalte und lange Marsch hat in unserer Zeit Nachahmer gefunden. Der Eskimologe Knud Rasmussen, halb Däne und halb Grönländer, fuhr in den Jahren 1921 – 1924 mit seinem geliebten Hundeschlitten von Grönland durch die Nordwest-Passage bis nach Nome in Alaska – eine beispiellose Expedition. Dabei verwirklichte er seinen größten Wunsch: die Erforschung aller außergrönländischen Eskimostämme und ihrer Kulturen, ihren Ursprung, ihre Wanderung und ihre Beziehung zu Grönländern und amerikanischen Indianern.

Diese lange Schlittenreise wiederholten die beiden Thulejäger Jens Danielsen und Ono Fleischer 1992, um allen Eskimostämmen entlang der Nordwest-Passage zu sagen: »Wir sind ein Volk.«

Die Nordwest-Passage ist nicht nur Mythos einer wahnwitzigen Entdeckungsgeschichte, sondern ebenso Lebensraum für Völker des Nordens, die den Anschluß an unsere Zivilisation suchen. So wird der kurze Weg nach Cathay heute auch zu einer ganz persönlichen Entdeckungsreise der Menschen in der vierten Welt.

AUFBRUCH IN DIE NORDWEST-PASSAGE

Roald Amundsen – hier als Büste in Nome/Alaska – durchfuhr die Nordwest-Passage als erster Kapitän auf seiner winzigen *Gjöa*.

Am 4. September 1994 ging die weißrote *Hanseatic* vor Point Barrow in Alaska vor Anker, und eine Pressemeldung lief um die Welt: *»MS Hanseatic* bezwingt in Rekordzeit legendäre Nordwest-Passage.«

In der Rekordzeit von nur 14 Tagen hat das Kreuzfahrtschiff *Hanseatic* des Hamburger Reiseveranstalters Hanseatic Tours am 3. September die legendäre Nordwest-Passage bezwungen. 149 Passagiere aus zwölf Nationen erlebten an Bord hautnah, wie sich das bislang größte und gleichzeitig längste Passagierschiff, das jemals in diesen Gewässern fuhr, durch die arktische, mit schwerem Packeis blockierte Wasserstraße im Norden Kanadas schob. Die Nordwest-Passage ist der Seeweg, der die europäische Entdeckungsgeschichte am nachhaltigsten beeinflußt hat. Über 400 Jahre lang haben Seefahrer hier verzweifelt einen Handelsweg von Europa nach China gesucht, doch erst zu Beginn unseres Jahrhunderts wurde die Nordwest-Passage erstmals von dem Norweger Roald Amundsen bezwungen. Für Kapitän Hartvig von Harling war diese Reise der navigatorische Höhepunkt seiner bisher 35jährigen Berufslaufbahn.

»Amundsens Motto, man soll nie aufgeben, bevor man das Eis berührt hat, war auch für mich Leitmotiv«, erklärte von Harling bei der Ankunft im amerikanischen Barrow. Die härteste Bewährungsprobe hatten Schiff und Besatzung im berüchtigten Peel Sound und Larsen Sound zu bestehen, die beide wie erwartet von einer dicken Packeisdecke überzogen waren. »Doch selbst hier haben die Maschinen der *Hanseatic* keine Minute stillgestanden, wir haben niemals im Eis festgesessen, allerdings haben wir gelegentlich nur noch eine Seemeile pro Stunde zurückgelegt«, resümiert von Harling. Die geringe Fahrtgeschwindigkeit war es letztlich, die ihn veranlaßte, den kanadischen Eisbrecher *Sir John Franklin* um Hilfe zu bitten, um der *Hanseatic* eine Fahrtrinne durch das arktische Eis zu bahnen. »Andernfalls wäre vor allem der geplante Einlauftermin in Anchorage in Frage gestellt gewesen, und damit der Zeitplan unseres weiteren Kreuzfahrtprogrammes«, erläuterte Werner Stambach, der während der Fahrt nicht nur als Kreuzfahrtdirektor für den organisatorischen Ablauf verantwortlich war, sondern auch an den vorbereitenden Verhandlungen maßgeblich mitwirkte. »Die Nordwest-Passage ist seerechtlich zu einem großen Teil kanadisches Hoheitsgebiet, und die Sicherheitsauflagen sind verständlicherweise sehr streng, aber letztlich konnten wir nachweisen, daß die *Hanseatic* – auch wegen der höchsten Eisklasse der gesamten Passagierflotte – allen Anforderungen gerecht wird«, faßte Stambach das Ergebnis der Gespräche zusammen, die sich über mehr als ein Jahr hingezogen hatten. Der Erfolg gab dem Team an Bord der *Hanseatic* recht, und selbst die kanadische Küstenwache zollte dem Schiff höchsten Respekt. Schließlich hatte sich die *Hanseatic* vier Tage lang allein ihren Weg durch schweres Packeis gebahnt, bevor sich die Schiffsleitung entschloß, um Eisbrecherhilfe zu bitten. »Eine ganz hervorragende Leistung«, war der Kurzkommentar der kanadischen Kollegen. Die Passagiere quittierten es mit großem Applaus.

In der Geschichte der Nordwest-Passage ist die *Hanseatic* erst das vierte Kreuzfahrtschiff, das diesen gefährlichen Seeweg erfolgreich gemeistert hat. Insgesamt wurde die Passage seit Roald Amundsen (1903 – 1906) überhaupt erst 56mal durchfahren.

An Bord der *Hanseatic*
4. September 1994 / Barrow/Alaska

»Ah, nur einmal die Nordwest-Passage befahren;
die Hand zu suchen, die Franklin nach der Beaufortsee ausstreckte;
den Weg zu finden durch das weiße und wilde Land;
die Nordwest-Passage nehmen in das offene Meer.«

Dieser Refrain des alten Nordwestpassageliedes, dessen Ursprung so rätselhaft und dunkel ist wie das Schicksal der Franklin-Expedition, klang von Anfang an mit, wurde gesummt und gesungen, zuerst zaghaft und unsicher, dann aber – in Point Barrow – gekonnt, überzeugt und siegessicher. Am 18. August 1994 bestiegen 150 Passagiere aus Deutschland, Schweiz, Österreich, Holland, Australien, Hongkong, USA, Japan und anderen Nationen in Hamburg die gecharterte Boing 737-400 der norwegischen Gesellschaft Braatheus *Safe,* um nach Grönland zu fliegen, nach Kangerlussuaq, dem früheren US-Stützpunkt Sondre Stromfjord. Dort, knapp oberhalb

Grönland ist die Geburtsstätte der Eisberge. Zigtausend brechen Jahr für Jahr von den großen Gletscherströmen ab, die das Inlandeis zur Küste drängt, und erschweren die Küstenschiffahrt. Eisberge sind besonders unberechenbar, weil nur etwa ein Achtel des Eisberges (je nach Dichte des Eises) über dem Wasser zu sehen ist und sie sich unter dem Wasser um das Fünffache verbreitern. Sie treiben mit der Meeresströmung und schmelzen oft erst nach vielen Monaten.

des Polarkreises, wartete die weißrote *Hanseatic* auf uns, um die wohl abenteuerlichste Reise in ihrer noch jungen Geschichte zu beginnen: die Fahrt durch die Nordwest-Passage.

Wir, meine Frau Renate und ich, waren als Reiseleiter, Lektoren und Fotografen in einem großartigen Team von Freunden und Kollegen mit dabei. Da ist die zierliche und immer fröhliche Christine aus Hamburg, Wissenschaftsjournalistin für Hörfunk, Zeitschriften und Buchverlage. Dr. Christine Reinke-Kunze hat sich ganz auf die Seefahrt in arktischen und antarktischen Gewässern spezialisiert, hat in bemerkenswerten Büchern die deutsche Polarforschung beschrieben und das Leben von Alfred Wegener. Wir fuhren schon vor einem Jahr zusammen auf der *Hanseatic* nach Grönland, und ich habe allergrößten Respekt vor Christines Wissen, ihrer druckreifen Rhetorik und den tausend Zahlen und Fakten, die sie immer abrufbereit wie ein Computer im Kopf hat. Geradezu unglaublich, wie sensibel diese Frau für alle historischen Ereignisse auf den Weltmeeren und in den Polarregionen ist. Seekrank wird Christine nie, auch wenn sie während eines Vortrages mitten in der Nordwest-Passage bei einem besonders stürmischen Wellenschlag vor ihrem Auditorium gestürzt ist. Einfach so – aber fallen ist bekanntlich keine Schande, nur liegenbleiben!

Viktor Stoll aus der Schweiz ist unser Seniorlektor und Spezialist für Ethnologie, Geographie und Geologie. Wir kennen uns schon seit Jahren aus der Antarktis von gemeinsamen Fahrten auf der *Society Explorer* (ex *Lindblad Explorer*) und *World Discoverer*. Selten sieht man Viktor ohne seine immer dampfende Pfeife, die er täglich nur zweimal raucht: »Einmal am Vormittag und einmal am Nachmittag.«

Eckart ist mit seinen stattlichen zwei Metern unbestritten der größte Lektor an Bord. Dr. Eckart Pott ist Diplombiologe und ebenfalls seit Jahren auf vielen Expeditionsschiffen mit dabei. Die Tiere und Pflanzen der hohen Breitengrade sind ihm ebenso vertraut wie mir meine Kamera. Wir waren zusammen auf den Falkland-Inseln und in der Antarktis und haben gemeinsam das erste umfassende Buch über das Thema weltweite Landschaftsfotografie geschrieben. (Hohe Schule der Landschaftsfotografie, Umschau Verlag)

David Fletcher aus England ist in der Arktis und Antarktis zu Hause und hier an Bord Lektor für die englischsprachigen Gäste. David, der von uns allen das Nordwestpassagelied am besten singen kann, hat als Basecommander auf britischen Forschungsstationen gearbeitet und selbst Tausende von Meilen mit Hundegespannen in Eis und Kälte zurückgelegt. Wenn wir in Not geraten, wünsche ich mir die Nähe von David, da fühlst du dich sicher! Seine offizielle Berufsbezeichnung ist Polar Consultant.

Dann gibt es ein zweites Team an Bord:
Werner Stambach aus Hamburg und Cecilia Unger aus Oslo. Werner ist Expeditionsleiter und hat zusammen mit Kapitän von Harling die Fahrt durch die Passage mit den kanadischen und amerikanischen Behörden ein Jahr lang vorbereitet.

Cecilia, stellvertretende Expeditionsleiterin, ist auf allen Weltmeeren zu Hause, spricht viele Sprachen und lebt erst richtig auf, wenn sie ihr Zodiac durch Sturm und Brandung an fremde, unbekannte Küsten steuern kann – und das beherrscht sie so perfekt wie kaum ein anderer Mensch. Ich kenne Cecilia aus der Antarktis und schätze ihre stets freundliche Art, ihre große Expeditionserfahrung sowie die Vielseitigkeit dieser weitgereisten, unglaublich vitalen Frau. Die Lebensgeschichte von Cecilia könnte leicht zahlreiche Seiten eines spannenden Buches füllen.

Die Seele eines Schiffes ist die Brücke, und auf der *Hanseatic* ist die Brücke täglich 24 Stunden lang für alle Passagiere offen und zugänglich. Kapitän Hartvig von Harling führt das Kommando auf der Pionierfahrt durch die Passage. Er gehört zu den erfahrensten deutschen Kreuzfahrtkapitänen. Seit über 20 Jahren steht er auf der Brücke von Kreuzfahrtschiffen. Auf dem kleinen Expeditionsschiff *Society Explorer*, mit dem er Arktis, Antarktis und den Amazonas erkundete, oder auf dem größten Passagierschiff der Welt, der *Norway*, hat Kapitän von Harling weltweite Erfahrung gesammelt. Der gebürtige Mecklenburger, dessen zweite Heimat Norwegen ist, hat sich in die hohen Breitengrade regelrecht verliebt und fühlt sich bei Eisberührung so richtig in seinem Element.

Ihm zur Seite stehen die beiden Ersten Offiziere Thilo Natke und Randolph Hess. Beide verfügen ebenfalls über langjährige Eiserfahrung in der Arktis und Antarktis.

Auf dieser so ungewöhnlichen Reise gehört ein weiterer wichtiger Mann zum Führungsteam: der kanadische Icemaster Captain Tom A. Irvine, der die Nordwest-Passage bereits 1954 mit der legendären *HMCS Labrador* unter Commodore O.C.S. Robertson erfolgreich durchfuhr. Über diese spektakuläre Schiffsreise rund um den nordamerikanischen Kontinent in sechs abenteuerlichen Monaten schrieb Tom das bemerkenswerte Buch »The Ice was all between« (Longmans, Green and Company, Toronto 1959).

In seinem Vorwort zu diesem Buch schreibt Tom Irvine:
»Heute lernen wir, was die Eskimo schon vor 3000 Jahren gelernt haben: Jeder gute Seemann kann seinen Weg durch die Arktis wählen, wenn er das prinzipielle Zusammenspiel von Eis und Strömung erkennt und beherrschen lernt.«

Tom ist als Eisberater und Kontaktperson zur kanadischen Küstenwache, der Coast Guard, mit an Bord. In den entscheidenden Tagen finden wir den überaus ruhigen und besonnenen Icemaster Tag und Nacht neben dem Kapitän auf der Brücke. Mit knappen, leise ausgesprochenen Kommandos korrigiert er ab und zu den Kurs des Steuermannes durch das endlos erscheinende, blendend weiße Packeis um uns herum.

Kapitän von Harling hat das Kommando der *Hanseatic* seit der Jungfernreise im Sommer 1993. Ich selbst fuhr mit ihm bereits durch den engen Prince Christian Sund im Süden Grönlands und dann hoch hinauf zu den großartigen Eisbergen von Uummannaq, wo ich die Liebe des Kapitäns zur nördlichen Wildnis kennen und schätzen lernte. Atemberaubend waren seine Manöver vor und zwischen den Gletscherabbrüchen und den hochhausgroßen Eisbergen. Von der gleichen Reise kenne ich auch Randolph Hess und seine Künste als Zodiac-Kapitän.

Zodiacs sind besonders seetüchtige Schlauchboote, einst von dem französischen Tiefseeforscher Jacques Yves Cousteau in Frankreich erdacht und konstruiert. Die salzwasserfesten Boote, meist mit 50 PS starken Außenbordmotoren angetrieben, schwimmen auf drei luftgefüllten Kielen, unter denen Fahrt- und Gegenwind frei durchstreichen kann, ohne das Zodiac hochzuheben und umzuwerfen. Die Konstruktion besteht aus fünf Luftkammern und den zusätzlichen drei Kielkammern. Eine solche Zodiac-Flotte mit ganz speziell ausgebildeten und weltweit erfahrenen »Schlauchbootkapitänen« gehört zu den Erfolgsgeheimnissen des Kreuzfahrtschiffes *Hanseatic*. Kaum ist irgendwo der Anker gefallen, in einem Korallengarten in Äquatornähe, vor einer Pinguinkolonie Südgeorgiens oder im dichten Packeis der Nordwest-Passage, dann sind in wenigen Minuten zehn oder mehr Zodiacs im Wasser. Ein Scoutboot mit dem Expeditionsleiter und den Lektoren erkundet die Umgebung und sucht nach einer sicheren Landemöglichkeit. Alle Zodiacs sind über Sprechfunk untereinander und mit der Schiffsbrücke verbunden. Und schon beginnt die Anlandung der Passagiere, oft bei dramatischem Wellengang zwischen Treibeisfeldern oder an steilen Klippen. Die *Hanseatic* hat vierzehn Zodiacs an Bord.

Chiefmate Thilo Natke ist für mich neu im Team. Er begrüßt mich lächelnd an Bord:
»Habe schon von Ihnen gehört.«
»Hoffentlich nur Gutes.«
»Sonst würde ich jetzt nicht lachen, ich freue mich, daß Sie und Ihre Frau auf dieser ungewöhnlichen Reise mit dabei sind.«

Selten zu sehen, jedoch nicht unwichtig, ist auf so einer Reise der leitende Ingenieur. Das ist Michael Tröger mit seinem Team. Er ist fast immer unten in der Maschine und sorgt mit seiner Erfahrung dafür, daß die schweren Dieselmotoren des 9000 BRT großen Schiffes uns sicher durch die Eisbarrieren der Nordwest-Passage schieben. Und Michael Tröger beherrscht sein »Handwerk« sicher und zuverlässig.

Schließlich ist noch der Veranstalter und eigentliche »Macher« der Nordwest-Passage-Reise zu nennen: Dirk Moldenhauer aus Hamburg. 1974 gründete Dirk Moldenhauer, zuvor Offizier und Kapitän der berühmten deutschen Luxusliner *Hanseatic* und *Hamburg*, das Kreuzfahrtunternehmen *Hanseatic Tours* in Hamburg.
»Die neue *Hanseatic* soll kein »Musikdampfer« sein, sondern »Reisen in kleinem Kreis« auf besonders anspruchsvollen Routen betonen.« Unter diesem Motto hat Dirk Moldenhauer das neue Flaggschiff *Hanseatic* im Sommer 1993 auf die Jungfernreise geschickt und für sein zwanzigjähriges Firmenjubiläum die ungewöhnliche Fahrt durch die Nordwest-Passage ausgeschrieben.

Die *Hanseatic* wurde auf der Finnyard/Rauna-Werft in Finnland gebaut und im März 1993 in Dienst gestellt. Das 9000 BRT große Schiff ist 123 Meter lang und 18 Meter breit und hat einen Tiefgang von nur 4,7 Metern. In 94 großzügigen Kabinen und Suiten befinden sich 188 Betten. Zur Crew gehören 120 Mann, die Schiff und Passagiere bedienen. Die Reisegeschwindigkeit beträgt 16 Knoten. Die *Hanseatic* verfügt über modernste nautische Technik und die höchste Eisklasse (1 A, 1 Super) bei Passagierschiffen. Besonders fortschrittliche Entsorgungsanlagen wie eine eigene Müllverbrennung und ein biologisches Klärsystem sind ebenso selbstverständlich wie Stabilisatoren. Neben den 14 motorgetriebenen Zodiacs befinden sich vier Tender (Barkassen) mit maximal 200 Plätzen an Bord. Die Reichweite des Schiffes beträgt 16 000 Kilometer.

Es ist schön, auf ein bekanntes Schiff zu gehen und unter der Mannschaft wie unter den Passagieren viele Freunde zu treffen. Natürlich gingen gleich am ersten Tag die logischen Fragen um:
»Wie sind die Eisverhältnisse in der Passage?«
»Was sagen die neuen Eiskarten?«
»Werden wir durchkommen?«
»Ich glaube nicht an einen Erfolg, bis wir in Point Barrow sind. Schließlich habe ich es bereits zweimal versucht, und beide Male sind wir steckengeblieben«, meinte der weitgereiste Schweizer Reporter Emil Brunner recht pessimistisch.

»Fragen Sie alles, nur nicht, ob wir durchkommen«, antwortete Kapitän von Harling schon am ersten Tag, und Expeditionsleiter Werner Stambach holte uns Lektoren zu einer ersten Besprechung:
»Sagen Sie allen Passagieren, daß sie keine Kreuzfahrt, sondern eine Passage gebucht haben. Nach der Passage und den Möglichkeiten der Durchfahrt wird sich unser Fahrplan richten. Nicht aber nach den Zielen am Ufer!
Und wir werden durchkommen, sagen Sie auch das, denn wir haben das beste Schiff für diese Fahrt, den besten Kapitän und die größte Erfahrung im Eis!
Noch Fragen, meine Damen und Herren?«
David meldet sich zu Wort: »Ja, eine letzte Frage: Müssen wir die Drinks dieser Besprechung selbst bezahlen, oder sind wir von der Expeditionsleitung eingeladen?«
Der stimmgewaltige und immer fröhliche David hat schon wieder die Melodie auf den Lippen: »Ah, for just one time, I would take the Northwestpassage.«

Ich stehe zusammen mit Renate, mit Christine und Eckart auf der Brücke und beobachte die Kommandos des Kapitäns und seiner Offiziere.

Die Dieselmotoren lassen das Schiff leicht vibrieren, die Schraube stößt hinter dem Heck quirlend Wasser aus.
Wir fahren!
Grönland liegt in dunstigem Nebel, die steilen Fjordufer sind nur schemenhaft zu erkennen. Die Dunkelheit läßt lange auf sich warten, aber irgendwann verschluckt sie doch das schöne Land, das ich in den vergangenen Jahren so oft besucht und liebgewonnen habe.
Jetzt fahren wir von Grönland fort, nach Nordwest – zu der Geburtsstätte der Wolken und dem Nistplatz der Winde!

Zu den großen Naturwundern Grönlands gehört der Eisfjord bei Ilulissat. Dort drängt ein Gletscher mit einer acht Kilometer breiten Front täglich 30 Meter in den Fjord und kalbt ganze Eisgebirge, die hier bei völliger Windstille unter der Mitternachtssonne funkeln. Allein der Eisfjord rechtfertigt jede Reise nach Grönland.

Dieser Eisberg im Norden Grönlands ist im Packeis festgefroren und liegt neun bis zehn Monate unbeweglich in der kalten Arktis. Es kann viele Jahre dauern, bis er auftaut. Durch das Spiel des Lichtes scheint auch er seine Form und Farbe ständig zu verändern. Solche Eisberge sind im Norden Grönlands wichtige Süßwasserspeicher für die Bewohner.

Polareskimo in Thule. Grönland ist die größte Insel der Welt. Die rund 55 000 Bewohner sind meist Mischlinge aus Inuit und Dänen, nur im Thule-District leben noch etwa 500 reinrassige Polareskimo als Fänger und Jäger. Während unser Schiff von der Disko Bucht aus direkten Kurs auf die Nordwest-Passage genommen hat, fuhren die klassischen Nordwest-Passage-…

…Expeditionen (John Ross, John Franklin, Roald Amundsen, Arved Fuchs) an Grönlands Westküste zunächst bis Thule, um sich dort noch einmal zu versorgen. Die Polareskimo tragen Rentieranoraks und Hosen aus Eisbärfell. Ihre Füße stecken in Kamikken aus Robbenleder. Beide Aufnahmen entstanden in Thule bei etwa minus 30 Grad.

Im Norden Grönlands ist der Blaufuchs zu Hause. Temperaturen bis minus 50 Grad stören ihn nicht. Sein Fell ist bei den Polareskimo besonders beliebt. Aus ihm werden warme Handschuhe, Kopfbedeckungen und andere notwendige Kleidungsstücke gefertigt. Das Bild habe ich im amerikanischen Militärstützpunkt Thule Airbase aufgenommen.

Kreuzfahrtschiffe auf Erlebniskurs

Unzählige Männer haben auf der Suche nach der Nordwest-Passage ihr Leben eingesetzt und auf grauenhafte Weise verloren. Ihre Schiffe wurden vom Eis zerdrückt wie Nußschalen unter schweren Stiefeln. Heute bewältigt ein Kreuzfahrtschiff sie in zwei Wochen. Die Passagiere feiern »ihren Sieg« mit Champagner und einem wahren Festessen mit mindestens fünf Gängen.

Dabei haben sich weder das Eis verändert, noch die Stürme und auch nicht die Temperaturen, die in diesem Teil der Arktis auf minus 60 Grad fallen können. Die Zeit hat sich geändert, die Technik und das gesamte Denken der Männer, die im zwanzigsten Jahrhundert in die lebensfeindliche Arktis aufgebrochen sind.

Die so tragisch ausgegangenen früheren Expeditionen haben sich oft nur auf die hölzernen Segelschiffe verlassen und auf ihre mehr als mangelhafte Ausrüstung. Eskimo waren für viele Seeleute »unterentwickelte Barbaren«, von denen keine Hilfe zu erwarten war. Im Gegenteil, ihnen ging man am besten aus dem Wege.

Samuel Hearne von der Hudson's Bay Company suchte 1770 und 1771 die Passage auf dem Landweg und zog mit einer Schar verwegener Indianer an das Nordmeer. Als die Späher der Expeditionen ein Eskimolager meldeten, wollte Hearne seinen Männern einen Überfall ausreden. Aber die Cree-Indianer ließen sich durch den Weißen nicht umstimmen und lachten Hearne nur aus:
»Bist du ein Feigling, daß du Angst vor den Rohfleischfressern hast?«

Häuptling Matonabi verlor die Geduld und verlangte unter Drohungen, daß Hearne an dem geplanten Angriff teilnehmen müsse. In der hellen Sommernacht, es war Juli, kam es zum Überfall auf das friedlich schlafende Eskimolager. Die Eskimo wurden ohne jeden Grund getötet, und selbst Hearne schoß in die Luft, um den Schein zu wahren. Ein verwundetes Eskimomädchen wollte sich bei ihm retten und umklammerte schutzsuchend die Knie des weißen Mannes. Vergeblich, das Kind wurde vor Hearnes Augen von den Indianern erschlagen. Er selbst, so berichtet Hearne in seinem 1795 erschienenen Buch, mußte froh sein, daß sich die Mörder in ihrem Blutrausch nicht auch noch gegen ihn wandten.

Solche und ähnliche Geschichten gibt es gar viele, und sie alle haben zu einem tiefen Mißtrauen zwischen den völlig isoliert lebenden Eskimovölkern und dem »Rest der Welt« beigetragen. Aus diesem gegenseitigen Mißtrauen läßt sich auch erklären, daß Eskimo auf Marble Island die Männer der Knight-Expedition sterben ließen, ohne zu helfen. Dabei hat Tom Irvine genau das ausgedrückt, was viele Expeditionen hätte retten können: »Wir lernen heute, was die Eskimo schon vor dreitausend Jahren gelernt haben!«

John Franklin hat selbst große Erfahrungen auf ausgedehnten Erkundungsmärschen in der Arktis gesammelt. Lange vor seiner tragischen Expedition. Er hat sich bei seiner letzten Expedition aber ganz auf seine Schiffe verlassen und keine Vorsorge für solche Überlandmärsche getroffen. Er hat keinen Schlitten mitgenommen und nie daran gedacht, die Lebensweise der Eskimo anzunehmen.

Vor der Küste Grönlands hat James Fitzjames, Kapitän der *Erebus*, den Admiral und Befehlshaber der Expedition Sir John Franklin nach dem betreffenden Fußmarsch gefragt: »Sie waren damals 28 Mann, Sir. Sie sind knapp mit dem Leben davon gekommen. Wie hätte es geendet, wenn Sie über 100 Mann gewesen wären?«
»So viele Menschen können in der Arktis nicht zu Fuß vorwärts kommen«, sagte Franklin hart, als wollte er die Gedanken des Kapitäns von vornherein abschneiden.
»Nicht?« fragte Fitzjames tonlos.
»Nein!« – auf diese Antwort gab es zwar keinen Widerspruch, aber eine schicksalsvolle Frage. Der Kapitän der *Erebus* stellte sie.
»Was soll aber werden, wenn wir die Schiffe aufgeben müssen?«
»Wir brauchen sie nicht aufzugeben. Sie fahren mit John Franklin, Fitzjames. Haben Sie kein Vertrauen zu diesem Namen?«
»Ich habe es, Sir, sonst hätte ich dieses Kommando nicht übernommen.«

Ein Umdenken in der Technik der Arktisforschung kam erst mit Männern wie Robert Peary, Roald Amundsen und Knud Rasmussen. Sie haben erkannt, daß die Eskimo sich sehr praktisch an die lebensfeindliche Arktis angepaßt haben und eine wahre Meisterschaft beim Überleben im Eis entwickelten. Das betrifft die Kleidung, die Nahrungsbeschaffung und die Fortbewegung.
Wenn Roald Amundsen über die Eskimo redete, schloß er oft mit den Worten: »Ich kann meinen Freunden, den Eskimo, nur wünschen, daß die Zivilisation sie niemals erreicht.« Er sprach als einer der ersten Polarforscher von »Freunden« und meinte das auch ehrlich. Seine erste dramatische Begegnung mit diesen »Rohfleischfressern« schildert er so:
»Wir hatten Ende Oktober und glaubten daher, die Eskimo wären für dieses Jahr ausgestorben – deshalb waren sie uns ganz aus dem Gedächtnis gekommen. Und da hatten wir sie nun! (In Gjoa Haven)
Alles was wir über diese arktischen Barbaren wußten, drang jetzt in Eile auf uns ein. Mit den nordamerikanischen war durchaus nicht immer zu spaßen, das wußten wir aus den alten Reisebeschreibungen dieser Gegend. Das einzig Richtige war, die Ankommenden von vornherein als Feinde zu betrachten. Und so wurde der Kriegsplan entworfen. Ich sollte mit zwei Mann den Feinden entgegengehen, und Hansen und Lundt meldeten sich sogleich als Freiwillige. Die Karabiner wurden genau untersucht und die Magazine bis zum letzten Platz gefüllt. Auf dem Eise vor dem Schiff hielt ich Truppenschau. Ich selbst sah so kriegerisch drein wie nur möglich, richtete mich hoch auf und kommandierte. ›Vorwärts – marsch!‹

Wir rückten vor, ganz darauf vorbereitet, den Feind im nächsten Augenblick den Bogen spannen und auf uns zielen zu sehen. Aber nein – er hat unverkennbar etwas anderes im Sinn – eine Kriegslist?
Plötzlich tauchte in meinem von der Spannung des erwarteten Kampfes erregten Gehirn das Wort ›Tima‹ auf. Und ›Tima‹ brüllte ich dem Feind aus Leibeskräften entgegen.

Die Eskimo halten jäh an. Da tönt der Ruf an mein Ohr: ›Manik-Tu-Mi! Manik-Tu-Mi!‹ Und das klingt so bekannt von McKlintock her – es ist der allerhöchste Freund-

Die Passagierschiffe, die bisher (1994) die Nordwest-Passage durchfahren haben.
Roald Amundsen hat die Nordwest-Passsage mit seiner *Gjöa* als erster Kapitän durchfahren, die *Hanseatic* kann die bisher letzte Durchfahrt unter Kapitän Hartvig von Harling verbuchen. Zwischen diesen Durchfahrten liegen fast 100 Jahre. Eisbrecher, Segelschiffe, Öltanker und kleine Sportboote haben in dieser Zeit die Nordwest-Passage versucht, über 50 Fahrzeuge waren dabei erfolgreich. Nur vier Passagierschiffen gelang bisher die Durchfahrt. Ich möchte sie auf den folgenden Seiten kurz vorstellen.

Die *Hanseatic* war das bisher größte Passagierschiff in der Passage: Werft Finnyard/Rauma (Finnland), 9000 BRT, Länge 123 Meter, Breite 18 Meter. Tiefang 4,7 Meter. 94 Kabinen, 188 Betten. 16 Knoten Reisegeschwindigkeit. 14 motorgetriebene Zodiacs. Kapitän in der Passage: Hartvig von Harling. Das Foto entstand auf dem Weg in die Passage im Prince Christian Sund in Südgrönland.

Die *World Discoverer*, hier in Südgeorgien auf dem Weg in die Antarktis. Der *World Discoverer* gelang 1985 die Durchfahrt unter dem Kommando von Kapitän Heinz Aye. 3153 BRT. Länge 87 Meter. Geschwindigkeit 12,5 Knoten. 140 Passagiere. Das Schiff wurde in der Werft Schichau-Unterweser in Deutschland gebaut und 1977 in Dienst gestellt.

Die *Society Explorer,* hier in der kanadischen Arktis, war das erste erfolgreiche Passagierschiff in der Nordwest-Passage. Unter dem Kommando von Kapitän Hasse Nilsson fuhr das Schiff (noch unter dem legendären Namen *Lindblad Explorer*) bereits 1984 durch die Passage. 1988 gelang Kapitän Heinz Aye die zweite Durchfahrt mit der *Society Explorer*. Die *Society Explorer* wurde auf der Werft Nystad Varv Shipyard in Finnland gebaut und 1969 in Dienst gestellt, ist 73 Meter lang, hat 2398 BRT und Platz für 96 Passagiere.

Die *Bremen* wurde 1990 auf der Werft Kobe Shipyard in Japan als *Frontier Spirit* gebaut, hat 6700 BRT und Platz für 164 Passagiere, Länge 111 Meter. Kapitän Heinz Aye gelang die Passage mit der *Frontier Spirit* 1992. Ein Jahr später wurde das Schiff von Hapag Lloyd übernommen und auf den Namen *Bremen* umgetauft.

schaftsgruß dieser Eskimo. Wir werfen die Gewehre weg und eilen unseren Freunden entgegen.
›Manik-Tu-Mi! Manik-Tu-Mi!‹
Wir schreien alle durcheinander, umarmen uns, klopfen uns auf die Schutern, und ich weiß nicht, auf welcher Seite die Freude am größten ist.«

Amundsen hat es großartig verstanden, Freundschaften zu schließen und von den Eskimo zu lernen. Während seiner Überwinterung in Gjoa Haven suchte er auch den Magnetischen Nordpol auf. Wissenschaftlich arbeitete er aber nur halbherzig. Wichtiger waren ihm die Erfahrungen mit Schlittenhunden, das Bauen von Iglus und das Überleben in der Arktis. In seinem Tagebuch lesen wir: »So kurz dieser Marsch war, machten wir doch wichtige Erfahrungen. Unser großartiges kleines Iglu erlaubte uns eine angenehme Nacht zu verbringen, während die Außentemperatur auf minus 61,5 Grad Celsius sank.«

Knud Rasmussen hat die Reise- und Lebenserfahrungen der Eskimo später total übernommen und es mit seiner Freundschaft zu den Völkern der Arktis ebenso ehrlich gemeint wie Roald Amundsen. Solches Denken und Handeln waren Voraussetzung für das Überleben weißer Männer in der Arktis.

Und dann die Zeit! Amundsen brauchte für die Durchfahrt drei Jahre und mußte dreimal überwintern, wir nur zwei Wochen! Heute ist die Nordwest-Passage zuverlässig kartographiert, und Satelliten geben uns bei jedem Wetter punktgenaue Positionsangaben. Unsere Vorgänger tasteten sich Meile für Meile an den unbekannten Küsten entlang und konnten die Sonne nur »schießen«, wenn sie zu sehen war, um ihren Standort zu bestimmen. Amundsen mußte noch per Hand loten.
»Die Kompaßnadel, die in ihrer Einstellkraft allmählich gleichmäßig abgenommen hatte, verweigerte hier vollständig den Dienst. Nun waren wir also darauf angewiesen, wie unsere Vorfahren, die Wikinger, nur nach den Gestirnen zu steuern. Diese Art der Schiffahrt ist schon im gewöhnlichen Fahrwasser von zweifelhafter Sicherheit. Aber viel schlimmer noch ist sie hier, wo der Himmel zwei Drittel der Zeit mit einer undurchdringlichen Nebeldecke verhängt ist. Die Untiefen lagen dicht beieinander, und das Schiff ließ sich nicht so leicht manövrieren wie sonst. Wir waren bis auf die Haut naß, und die Zähne klapperten uns vor Kälte. Das Lot wurde in Tätigkeit gesetzt, und von diesem Augenblick an legte die *Gjöa* weiter nicht eine Seemeile von der Nordwest-Passage zurück, ohne daß ein Mann im Mastkorb und einer am Lot gestanden hätte.«

Solche nautischen Probleme kennen wir heute nicht mehr. Neben dieser zeitaufwendigen Navigation ruderte Amundsen immer wieder mit seinen Männern an Land, um Steinwarten zu bauen. Das hatte er mit seinem Freund Fridtjof Nansen so abgesprochen:
Jeweils zwei Warten nebeneinander stellten sie an die äußersten Landspitzen. Diese Warten hätten einer Suchmannschaft leicht weitergeholfen. Warum hat Franklin auf solche und ähnliche Maßnahmen völlig verzichtet?

Die alten Fahrensleute haben sich im wahrsten Sinn des Wortes in die weißen Flecken der Landkarte hineintasten müssen, während wir heute Eisinformationen vom Satelliten abfragen können oder im Helikopter dem Schiff vorausfliegen und schauen, wo ein Durchschlupf möglich oder gar offenes Wasser ist.
Amundsen schildert sehr eindringlich, wie er damals immer wieder seinen Weg suchen mußte und wie er ein weiteres Durchkommen oft nur mit dem Instinkt erahnen konnte. Die *Gjöa* fuhr durch dichten Nebel, und niemand an Bord konnte mit Sicherheit sagen: Liegt vor dem Schiff offenes Wasser oder undurchdringliches Eis?

»Da wurde ich – wie ich so hin und her ging – auf so etwas wie eine ungleiche Bewegung aufmerksam, und ich stutzte. Ringsumher lag das Meer glatt und ruhig, und ich wies die Sache von mir, ärgerlich über mich selbst und meine Nervosität. Ich setzte meinen Marsch fort … und da war es wieder! Ein Gefühl, als ob sich mein Fuß rascher aufsetzte, als er der Berechnung nach sollte. Ich beugte mich über die Reling und starrte auf die Wasserfläche hinunter; aber diese lag glatt und ruhig da wie zuvor. Ich spazierte weiter, hatte aber noch nicht viele Schritte gemacht, als sich das Gefühl von neuem einstellte, und diesmal so deutlich, daß kein Irrtum mehr möglich war: Die Yacht hatte wirklich eine kleine ungleichmäßige Bewegung!

Für keine noch so große Summe hätte ich diese kleine Bewegung verkauft. Das war Dünung unter der Yacht, Dünung – Botschaft vom offenen Meer! Gegen Süden mußte das Fahrwasser offen sein, die undurchdringliche Eismauer war nicht vorhanden! Und ich betrachtete mir die Yacht, Klein-*Gjöa,* vom Spiegel bis zum Bug, vom Deck bis zur Spitze des Mastes und lächelte: Wird die *Gjöa* uns alle und die Flagge unseres Vaterlandes am Ende doch trotz aller höhnischen Prophezeiungen siegreich durch ein Fahrwasser führen, das längst aufgegeben war!
Bald machte sich die Dünung sehr bemerklich, und wir alle ohne Ausnahme waren in der strahlendsten Laune!«

Und hier noch eine Bemerkung zur Geschwindigkeit:
John Ross glaubte als erster Kapitän in der Nordwest-Passage an die Überlegenheit eines Motors gegenüber der alten Segeltechnik und benutzte eine Dampfmaschine in seiner *Victory*. Darüber lesen wir in seinem Tagebuch: »Wir brachten dreizehn Umdrehungen in der Minute zustande und erreichten eine Geschwindigkeit von anderthalb Knoten.«

Zusätzliche Sicherheit bieten heute die Siedlungen. Die Nordwest-Passage ist von kanadischen Eskimo bewohnt. Es gibt zahlreiche Orte mit Flugplätzen, Funk und der Coast Guard. Eisbrecher halten die Fahrrinne für die lebensnotwendige Versorgung der Siedlungen so weit wie möglich offen.

Als Arved Fuchs mit seiner *Dagmar Aaen* vor der Bellot Strait, das ist die Verbindung zwischen dem Prince-Regent-Inlet und dem Peel Sound, in gefährliche Eispressungen geriet, dauerte es nur wenige Stunden, bis ein Hubschrauber der *Arctic Ivik* zur Hilfe kam. Dennoch war das eine dramatische Situation, die Arved in seinem Buch schildert:
»Die Situation wird schließlich so bedrohlich, daß ich mich entschließe, Order zu geben, sich zum Verlassen des Schiffes vorzubereiten. Das ist der Moment, vor dem sich jeder Schiffsführer fürchtet – aber ich darf nicht länger zögern. Wie oft haben wir diese Situation theoretisch und auch praktisch durchgespielt, eine Situation, von der jeder hofft, daß sie niemals eintreten wird. Jetzt aber scheint sie gekommen zu sein – mitten in der Nacht, im Packeis der Nordwest-Passage. Das viele Üben zahlt sich aus. Innerhalb weniger Minuten sind alle in Survival-Anzügen und mit den notwendigsten Habseligkeiten an Deck versammelt. Entsprechend der Rolle, die die Funktion eines jeden Crewmitgliedes im Seenotfall festlegt, werden weitere Maßnahmen getroffen: Einige machen die Rettungsinseln klar zum Aussetzen, andere deponieren Proviant, Trinkwasser, Seekarten, Navigationsausrüstung, Funkgeräte, Zelte, Schlafsäcke, Schrotflinten, Schiffspapiere und was sonst noch von Bedeutung ist, in unserem Schlauchboot. Sollte das Schiff sinken, können wir das Schlauchboot mit unseren verbliebenen Habseligkeiten aufs Eis ziehen. Darüber hinaus haben wir noch die große Rettungsinsel, die speziell für den Arktiseinsatz ausgestattet ist. Das alles sind vorbeugende Maßnahmen. Keiner von uns denkt daran, jetzt von Bord zu gehen, aber es ist alles vorbereitet, um in letzter Minute das Schiff verlassen zu können, wenn es keine andere Option mehr für uns gibt. Unser Faltboot wird zusätzlich mit Proviant und Trinkwasser bepackt und dann ebenfalls klar zum Aussetzen gemacht. Immer wieder überprüfen wir die Bilgen. Aber obwohl der Rumpf unglaublich in die Zange genommen wird, hält er dem Druck stand. Wieder hat das Eis die *Dagmar Aaen* herausgehoben. Erneut hat sie sich mit 25 – 30 Grad Schlagseite auf die Backbordseite gelegt. Zwei Stunden halten die Eispressungen jetzt schon an. Über Funk gelingt es mir erneut, Kontakt mit Resolute herzustellen. Bradley Air hat

YANMAR
DIESEL
ZODIAC

Aus- und Einbooten mit dem Zodiac – hier irgendwo in der Nordwest-Passage – ist bei Wind und Wellengang kein Kinderspiel, sondern harte Arbeit, die oft von rauhen und kalten Wasserduschen begleitet wird. Die Zodiac-Kapitäne brauchen Erfahrung, die Passagiere Disziplin und Sportgeist, Kameras müssen immer wasserdicht verpackt sein. Der Zodiac-Einsatz macht aus einer Kreuzfahrt erst eine richtige Expeditionsreise.

den leistungsstärksten Sender im Ort. Ich schildere dem Funker unsere Situation und bitte ihn, eine entsprechende Meldung an die Coast Guard weiterzugeben. Dort erkennt man sofort den Ernst der Lage. Ob wir gerettet werden möchten, läßt die Coast Guard fragen. Ich verneine: »Zur Zeit besteht keine Gefahr für uns.« Lediglich das Schiff befindet sich in einer Gefahrensituation, deshalb frage ich nach, ob die *Arctic Ivik,* ein Eisbrecher, der in der Nähe operiert, uns zu Hilfe kommen kann.«

Also doch echtes Abenteuer?
Ja, die Nordwest-Passage wird immer ein großes Abenteuer bleiben, aber ein kalkulierbares.

Und es hat sich noch etwas verändert: Die Öffentlichkeit interessiert sich zwar noch für mediengemachte Helden wie Tennisprofis, erfolgreiche Fußballmannschaften oder auch für Weltmeister der Formel 1. Kaum aber für einen einsamen Helden, der als erster Mensch in einem Jahr zu Fuß zu beiden Polen läuft, und schon gar nicht für eine Ausreise in die Nordwest-Passage.

Als Sir John Franklin am 19. Mai 1845 England verließ, strahlte der Himmel über London. Am Kai drängten sich Kopf an Kopf erwartungsfrohe Menschen, Musik klang über das Wasser, und zigtausend Augen hingen an den beiden Seglern *Terror* und *Erebus,* die im Schmuck ihrer unzähligen Fähnchen und Wimpel auf die Ausfahrt warteten.

Als Fridtjof Nansen am 30. Mai 1889 nach seiner ersten Grönlanddurchquerung den Oslo Fjord hochsegelte, wurde die allerletzte Etappe zu einem wahren Triumphzug. Fahnen wurden geschwenkt, und überall hörte man Jubelrufe. In der begeisterten Menschenmenge bewegte sich auch der junge Roald Amundsen und faßte den Plan: Ich will die Nordwest-Passage meistern!

Wie anders war dann die Situation schon bei seiner eigenen Ausfahrt:
»Manchmal überfiel mich Verzweiflung, denn trotz aller Bemühungen konnte ich nicht genügend Geld auftreiben. Einige meiner ungeduldigsten Ausrüstungslieferanten begannen, mich um Bezahlung zu drängen. Am Morgen des 16. Juni 1903 stand ich schließlich vor einer Katastrophe. Der bedeutendste meiner Gläubiger verlangte wütend Zahlung binnen 24 Stunden und drohte, mein Schiff beschlagnahmen und mich wegen Betruges einsperren zu lassen. Der Zusammenbruch jahrelanger Arbeit schien unabwendbar. Ich wählte einen verzweifelten Ausweg. Ich berief meine sechs sorgfältig ausgewählten Gefährten, setzte ihnen meine schwierige Lage auseinander und fragte sie, ob sie für einen kühnen Handstreich zu haben wären. Begeistert stimmten sie zu. So zogen wir sieben Verschwörer um Mitternacht des 17. Juni 1903 während einer wahren Sintflut an den Kai hinaus, an dem die *Gjöa* vor Anker lag, gingen an Bord, lichteten die Anker und steuerten südwärts dem Skagerrak und der Nordsee zu. Als der Tag über unserem grausamen Gläubiger anbrach, waren wir schon in sicherer Ferne auf offener See, sieben Seeräuber, wie sie nie leichtherziger unter der schwarzen Flagge gesegelt waren, und verschwanden auf eine Forschungsreise, die drei Jahre dauern sollte und auf der uns das Schicksal einen Erfolg bescherte, um den unsere Vorgänger vier Jahrhunderte lang vergebens gerungen hatten.«

Und heute? Die Zeitungen widmen einem solchen Ereignis nur noch wenige Zeilen in den Lokalnachrichten.

Die allergrößte Veränderung ist aber die:
Was Franklin, Nansen, Amundsen oder Hillary unter großen Opfern und im Interesse einer weltweiten Öffentlichkeit erforschten und erschlossen, läßt sich heute – nur zwei bis drei Generationen später – in jedem guten Reisebüro buchen. Die Nordwest-Passage ebenso wie eine Durchquerung Grönlands auf Skiern, der Nordpol ebenso wie der Südpol und sogar eine Besteigung des Mt. Everest. Was einmal Sternstunden der Menschheit waren, ist heute zur Konsumware geschrumpft. Diese Entwicklung muß durchaus nicht negativ sein. Im Gegenteil! Aus Träumen unserer Väter ist Wirklichkeit geworden. Wir alle können aufbrechen – und unsere goldenen Pflastersteine hinter dem Horizont suchen und finden und aufheben. Jeder von uns hat die Möglichkeit, in kurzen Urlaubswochen einen Hauch der unsterblichen Abenteuer der großen Entdeckerzeit zu erleben. Unsere Freiheit ist – fast – grenzenlos!

In der Nordwest-Passage hat schon die legendäre *Lindblad Explorer* 1984 die neue Zeit der Kreuzfahrtschiffe auf Erlebniskursen eingeleitet. Lars-Erik Lindblad hatte jahrelang Schiffe gechartert, mit denen er ungewöhnliche Ziele ansteuerte. Nie war er dabei ganz zufrieden, und so erträumte und erdachte er die Idee von einer Expeditionskreuzfahrt und ließ in Finnland die *Lindblad Explorer* bauen, das kleine rote Schiff, das fortan weiter nach Norden und weiter nach Süden vordrang als jedes andere Passagierschiff vor ihm. Hier wurde die mittlerweile auch von anderen Veranstaltern übernommene Konzeption von Erlebnisreisen mit Lektoren, Vorträgen und Zodiac-Anlandungen geboren. Die *Lindblad Explorer* wurde 1969 in Finnland gebaut, ist 73 Meter lang und 14 Meter breit und für 100 Passagiere ausgelegt.

Das Schiff durchkreuzte 14 Jahr lang alle Weltmeere zwischen den Polen und setzte sich selbst mit der ersten Passagierfahrt durch die Nordwest-Passage einen großen Schlußpunkt. 100 Gäste waren damals an Bord, das Kommando auf der Brücke führte Kapitän Hasse Nilsson. Das Schiff folgte zunächst der mutmaßlichen Route Franklins bis King William Island. In der James Ross Strait fuhr ein Zodiac voraus, mit dem Echolot mußte die Wassertiefe überprüft werden. Am 31. August passierte die *Lindblad Explorer* den eisfreien (!) Peel Sound. Am 5. September war die Wasserstraße dann vollständig durch Eis blockiert. So rasch können sich die Eisverhältnisse in der Passage ändern. Ständige Nordwinde hatten sehr viel Eis in den Amundsen Gulf getrieben, und vor Cape Parry saß das Schiff erstmals fest. Der Eisbrecher *Camsell* eilte zur Hilfe und unterstützte die *Lindblad Explorer.* Der Bordhubschrauber suchte ständig nach einem Durchschlupf. Am 9. und 10. September versuchte der Kapitän in frustrierender Weise vor- und zurückzusetzen oder die Maschinen zu stoppen, um Zusammenstöße mit dem Eis zu vermeiden. Wenn der Nebel sich nur kurz lichtete, sah man Eis von einem Horizont zum anderen.

Am 11. September fand man freies Wasser bis Point Barrow. Wie ausgelassen die Stimmung an Bord nach dieser Durchfahrt war, zeigt eine kleine, aber bezeichnende Episode. Aus lauter Freude und aus Übermut ließen sich alle Bärtigen an Bord rasieren, und alle glatten Gesichter ließen sich fortan die Haare wachsen!

Die *Lindblad Explorer* wurde nach dem großen Abenteuer Nordwest-Passage an einen Bremer Reeder verkauft und in *Society Explorer* umgetauft.
Ein Jahr später, 1985, durchfuhr Kapitän Heinz Aye die Nordwest-Passage mit der *World Discoverer* ohne größere Zwischenfälle, und 1988 stand Heinz Aye auf der Brücke der immer noch roten *Society Explorer* erneut in der Passage.

»Ein Kreuzfahrtschiff mit 158 Menschen an Bord ist in arktischen Gewässern vom Eis eingeschlossen«, hieß es in verschiedenen Presseberichten im September 1988. »Wir sind zwar nicht eingeschlossen, kommen aber nur sehr langsam voran«, erklärte dazu der deutsche Kapitän dem Springer-Auslandsdienst. Er hatte einen Eisbrecher der US-Küstenwache angefordert, der der *Society Explorer* einen Weg durch das dicke Packeis zum nächsten Hafen in Tuktoyaktuk (Kanada) bahnen sollte. Das Schiff war am 19. August mit 98 Passagieren und 60 Mann Besatzung an Bord von Dutch Harbor (Aleuten) aufgebrochen und sollte am 21. September in St. Johns (Neufundland) ankommen.

»Wir haben jetzt eine Verspätung von dreieinhalb Tagen. Ungewöhnlich starke Nordwestwinde haben mehr Packeis als sonst an die Küste getrieben. Deshalb müssen wir im Zickzackkurs um das Eis herumfahren, und das dauert natürlich länger«, sagte der Kapitän. Er hatte bereits fünfmal Charterflugzeuge geordert, die ihm über Funk einen Weg durch das Packeis gewiesen hatten. Heute würde der US-Eisbrecher vermutlich die *Society Explorer* erreichen, die zu diesem Zeitpunkt 50 Meilen nordöstlich von Point Barrow lag, dem nördlichsten Landzipfel der USA in Alaska.

»Draußen wird es gerade hell, dann werden wir weiterfahren. Unsere Durchschnittsgeschwindigkeit beträgt 2,8 Knoten, normalerweise sind es 13 Knoten. Nachts stehen wir, weil es zu gefährlich wäre, in der Dunkelheit zu fahren«, meldete Heinz Aye. »Die Stimmung an Bord ist gut, alle Passagiere sind völlig ruhig, wir sind in keiner Weise gefährdet. Aber eine Luxuskreuzfahrt mit Tanz und Swimmingpool ist das nicht!«

Nach 25 Tagen erreichte die *Society Explorer* St. Johns mit fünf Tagen Verspätung!

1991 wurde zu einem besonders schlimmen Eisjahr in der Passage. Kapitän Heinz Aye versuchte die Durchfahrt mit dem japanischen Kreuzfahrtschiff *Frontier Spirit* von West nach Ost und blieb bereits in der Beaufortsee stecken. Die Expeditionskreuzfahrt begann am 18. August in Dutch Harbor und sollte am 16. September in St. Johns enden. In der Nähe von Flaxman Island mußte die Entscheidung zur Umkehr nach Vancouver getroffen werden.

Cecilia war mit dabei und erzählte mir auf der *Hanseatic:* »Schon in Point Barrow war sehr dichtes Eis, aber wir waren optimistisch. Wir verloren allerdings drei volle Tage, weil wir auf unseren eigenen Helikopter warten mußten. Dennoch starteten wir, obwohl die Eiskarten uns die bittere Wahrheit anzeigten. Kanada war so voller Packeis wie schon seit Jahren nicht!«
»Was geschah vor Flaxman, und wie haben die Passagiere die Entscheidung zum Abbruch aufgenommen?«
»Wir warteten vor Flaxman drei Tage lang bei schönstem Wetter. Wir brauchten unbedingt Südwind, der hätte das Eis nach Norden geschoben. Aber der kam nicht. Um das Schiff hatten wir neun Zehntel Eis. In dieser Zeit der Ungewißheit arbeiteten wir Tag und Nacht. Tom Irvine war unser Icemaster, und er stand ständig mit der kanadischen Coast Guard in Verbindung. Aber aufgrund dieser verheerenden Eislage waren alle kanadischen Eisbrecher im Einsatz, um die Verbindungen zu den wichtigen Siedlungen in der Passage freizuhalten. Wären wir nach Kanada hineingefahren, hätte die Coast Guard eine Mitverantwortung für unsere Durchfahrt übernehmen müssen. Ich persönlich habe den Eindruck, daß den kanadischen Behörden diese Verantwortung zu groß erschien. Wir versuchten sogar, einen russischen Eisbrecher zu chartern. Das wäre uns auch gelungen, aber die zuständigen Behörden in Kanada verweigerten dem russischen Eisbrecher die Einreise. Der Kalte Krieg war ja noch nicht beigelegt – wie das heute der Fall ist. Die Zeit drängte, die zur Verfügung stehenden Tage liefen uns einfach davon.«
»Wer hat dann die Entscheidung zur Umkehr getroffen?«
»Kapitän Heinz Aye, Tom Irvine und ich, denn wir hatten die Verantwortung an Bord der *Frontier Spirit.* Nach dieser Entscheidung haben wir alle Passagiere zusammengerufen, und Heinz Aye hat eine Stunde lang geredet. Es war die beste Rede, die ich von dem Kapitän gehört habe.«
»Gibt es von dieser Rede eine Tonbandaufzeichnung?«
»Nein, leider nicht, du warst ja nicht mit an Bord!«

Schon ein Jahr später, 1992, hat Kapitän Heinz Aye mit der *Frontier Spirit* erneut die Durchfahrt versucht, und Cecilia Unger war wieder mit dabei.

»Dieser Versuch startete in Sondre Stromfjord, so wie unsere Fahrt, und wir kamen durch. Damit ist Heinz Aye der einzige Kapitän, der die Nordwest-Passage dreimal geschafft hat.«

Am 21. August lief die *Frontier Spirit* bei Sonnenschein und Wind von achtern in den Lancaster Sound. Vor Devon Island und seinen gewaltigen Gletscherzungen kam die Sonne voll durch. Einen Tag später erreichte das Schiff bereits Beechey Island, obwohl es seit drei Uhr früh mit reduzierter Geschwindigkeit durch dichtes Packeis fuhr. Vor Resolute steckte die *Frontier Spirit* erstmals fest und konnte nur mit Eisbrecherunterstützung die nördlichste Stadt in der Passage erreichen.

Am 25. August blieben die *Frontier Spirit* und der begleitende Eisbrecher im Peel Sound stecken. Der Eisbeobachter findet per Helikopter weiter östlich bessere Bedingungen. Die *Frontier Spirit* folgt dem Eisbrecher *Terry Fox* und fährt sich immer wieder im Eis fest. Schließlich wird ein einzigartiger Konvoi zusammengestellt: Vorne fährt der Eisbrecher *Terry Fox,* in der Mitte die *Frontier Spirit* und hinten der zweite Eisbrecher *George R. Pearks.* Und das alles bei strahlend blauem Himmel, die Fotografen im Helikopter, der über diesem großartigen Bild schwebte, müssen ausgeflippt sein. Die Eisdicke beträgt 1,2 bis 1,7 Meter. Das ist schon was! So geht es in »Stop and go« Meile für Meile weiter durch die Passage.

Die Eisverhältnisse bessern sich auch in den nächsten Tagen nicht, schließlich liegen zehn Zehntel Eis mit vielen Preßbarrieren und stahlharten Alteisbrocken vor dem Konvoi.
Endlich offenes Wasser vor Cambridge Bay. Am 5. September ankert die *Frontier Spirit* vor Flaxman, ihrem »historischen Platz« von 1991, und einen Tag später in Point Barrow.

Die Log- und Tagebücher unserer Vorgänger kennen wir an Bord der *Hanseatic.* Kapitän und Passagiere sind vorbereitet und doch optimistisch. Aber noch liegt das Abenteuer Nordwest-Passage mit allen Unbekannten vor uns, und wir alle wissen: Die Entscheidungen auf dieser Fahrt werden allein vom Eis getroffen, nicht vom Kapitän und seiner Mannschaft.

Wir überqueren die Davis Straße. Vor unserem Bug schwimmt eine Schule Buckelwale; mindestens ein halbes Dutzend Tiere. Was für ein Schauspiel. Die bis zu 18 Meter langen Kolosse schwimmen mal an Backbord, dann wieder an Steuerbord. Deutlich können wir die gewaltigen Leiber im grauen Wasser sehen, und bevor sie abtauchen, ziehen sie für zwei…

…oder drei Sekunden ihre breite Schwanzflosse aus dem Wasser, um sie dann langsam und majestätisch einzutauchen. Es ist schwer zu verstehen, daß diese größten Säugetiere der Erde in erster Linie Planktonfresser sind und zu den gutmütigsten Lebewesen der Welt gehören.

Der Eisfjord

In der ersten Nacht passierte die *Hanseatic* den nördlichen Polarkreis bei völlig ruhiger See und steuerte die Disko Bucht an. Direkt bei Ilulissat mündet der Eisfjord in die Disko Bucht. Dieser Eisfjord ist ein richtiges Weltwunder in der Arktis!

50 Kilometer von der Küste entfernt schiebt sich zerrissenes Gletschereis in einer 8 Kilometer breiten Front rasend schnell in den Fjord. 30 Meter pro Tag, das sind etwa 20 Millionen Tonnen Eis täglich! Die Menge und die Geschwindigkeit sind kaum vorstellbar. Da donnert und kracht der Gletscher, da spritzt das sandtrübe Wasser 100 Meter und höher wie bei der Explosion von Bomben. Kein anderer Gletscher in der gesamten Arktis produziert mehr und größere Eisberge – und die treiben jetzt den Fjord hinunter bis nach Ilulissat. Hier blockiert eine Sandbank ihre Weiterfahrt in die Bucht, es kommt zu einem gewaltigen Eisstau. Gebirge aus funkelndem Eis türmen sich da auf, und ständig folgen neue Gletschermassen von der Abbruchkante. Von Ilulissat kann man dieses grandiose Naturspektakel in einer knappen Stunde leicht zu Fuß erreichen und dann stundenlang zwischen weichen Polstern, Moosen und Flechten sitzen, die nicht untergehende Mitternachtssonne genießen und auf das Eis schauen. Früh am Morgen ziehen Nebelbänke durch das weiße Chaos, nachts glühen die Türme, Grate und Wände, und wenn die Sonne sich dicht an den westlichen Horizont schmiegt, verwandelt sich die rote Farbe in dunkles Purpur, dann in mattes Rosa und schließlich in kaltes Blau, das uns eisige Kälte entgegenhaucht.

Die bizarren, mit nichts in der Welt zu vergleichenden abweisenden und doch anziehenden Traumschlösser mit ihren Rissen und Spalten, Zinnen und Mauern spiegeln sich im völlig stillen Wasser des Fjords wider. Plötzlich ein Kanonenschlag, irgendwo ist ein Turm zusammengebrochen, das präzise Spiegelbild wird durch leichte Wellen zerstört. Dann kehrt wieder Ruhe ein, bis ein Schuß die Stille zerreißt. Da wurde eine Robbe von der tödlichen Kugel des Jägers getroffen. Die Robbenjagd gehört zu Grönland und zum Eisfjord. Seit Jahrtausenden leben die Inuit von der Jagd, seit Jahrtausenden haben sie ihre Tiere getötet und gleichzeitig geschützt und verehrt – um zu überleben. Nie hat ein Naturvolk wie die Inuit Tiere ausgerottet, wie es die Weißen taten und immer noch tun. Wenn wir den Jägervölkern der Arktis die Jagd auf Robben und andere Wildtiere total verbieten und Produkte wie Pelze aus Grönland auf unseren Märkten boykottieren, dann degradieren wir diese Menschen zu armseligen Sozialhilfeempfängern.

Heute ist der Himmel grau, wie Schemen liegen die kirchturmhohen Eisberge vor der *Hanseatic*. Die Ankerkette rasselt laut brüllend in den sandigen Grund. Die Zodiac-Motoren werden angeworfen, und schon beginnt unsere Erkundung dieser Wunderwelt aus Licht, Nebel, Wasser und Eis.

Mit den Zodiacs gleiten wir unmittelbar an die Eiswände heran, trauen uns in schmale Kanäle hinein und entdecken immer neue Spiegelbilder, freie Wasserflächen zwischen neuen Gralsburgen und Eisschlössern. Nach einer Stunde sind wir wieder auf dem Schiff, das frei vom Anker langsam, mit gedrosselten Motoren auf ein gewaltiges, blauleuchtendes Eistor zufährt. Der Kapitän steht auf der Brücke, zieht an seiner Pfeife und gibt verhalten seine Kommandos an den Steuermann.

Ein Blick zum Eis, ein Blick zum Echolot.
»Midships!«

Meter für Meter schieben wir uns den Eismassen entgegen. Unser Kapitän liebt solche Manöver – ich kenne das vom Vorjahr, von der ersten Grönlandreise der *Hanseatic*. Jetzt kann es gar nicht mehr weitergehen, die weißen Hindernisse zwischen Wasser und Himmel sind schon zum Greifen nahegerückt.
»Starbord easy!«
»Starbord easy!« wiederholt der Steuermann.
Und wir fahren doch noch zwei, drei Meter dichter an das auf Grund liegende Eiswunder heran. Das kürzeste Weitwinkelobjektiv ist immer noch zu lang für diese Dimensionen. Das ist ein erster Höhepunkt der Reise in die Hohe Arktis.

Gegen Abend kommt die Sonne heraus. Hier auf Grönland wechselt das Wetter oft stündlich. Eigentlich ist es Zeit für das Dinner, aber wir stehen draußen an der Reling und träumen uns in diese großartige Kulisse hinein. Den Fjord haben wir verlassen, nicht aber die Eisberge, die den Reisenden an der gesamten grönländischen Westküste begleiten. In der Passage zwischen dem Festland und der Disko Insel, dem Vaigat, passieren wir besonders große und zahlreiche Eisberge vor der blutrot über dem Horizont stehenden Sonne, die mit ihren letzten Strahlen ein wahres Feuerwerk an Farben und Lichteffekten auslöst.

»Das ist ja wie in der Kirche, nein, es ist noch feierlicher«, sagt mein Nebenmann, ohne den Blick von diesem Naturschauspiel zu wenden.
Das Vorschiff der *Hanseatic* glüht noch einmal unter den letzten Strahlen der untergehenden Sonne auf, von der Ankerkette, den Winden und Trossen scheinen Funken zu sprühen, dann fallen die blauen Schatten über uns und das Land in unserem Rücken.

Drei Grad zeigt das Thermometer an, und der kaum merkliche Wind weht mit Stärke eins aus Norden. Das ist fast Windstille. So fahren wir von Grönland über die Davis Strait in Richtung Baffin Bay und Lancaster Sound.

Damit haben wir die klassische Route von Franklin und Amundsen verlassen. Fast alle frühen Nordwest-Passage-Expeditionen sind an Grönlands Küste viel weiter nach Norden gefahren, um erst bei 75 Grad oder noch höher nach Westen abzudrehen.

Die Franklin Expedition hatte bis hinauf zur Melville Bay noch ein Transportschiff dabei, aus dem dort oben Säcke und Kisten mit Proviant und Ausrüstung für fünf Jahre auf die *Terror* und *Erebus* umgeladen wurden. Leer, mit den letzten Briefen an Bord, fuhr dann das Transportschiff nach London zurück. Die Mannschaft ergänzte ihre Vorräte an den Vogelfelsen der Melville Bay noch durch zusätzliches und hoch willkommenes Frischfleisch.

Auch Roald Amundsen fuhr mit seiner *Gjöa* zunächst an der grönländischen Küste entlang. Nicht um die Wunder der Disko Bucht zu betrachten, sondern um in Godhavn »zehn wirklich gute, ausgebildete Schlittenhunde« abzuholen, die der umsichtige Polarforscher vorher von Kopenhagen aus bestellt hatte.

»Da meine Reise wahrscheinlich vier Jahre dauern wird, wäre es hilfreich, Hunde beiderlei Geschlechts zu haben, damit sie sich unterwegs fortpflanzen können.«

Weitere vier besonders kräftige Schlittenhunde schenkte Mylius-Erichsen, der Anführer einer dänischen Expedition, dem Norweger in Grönland. Zu dieser Expedition, die Volksmärchen der Eskimo sammelte, gehörte auch Knud Rasmussen, der nach seinen späteren Thule-Expeditionen zum grönländischen Nationalhelden wurde. Dann fuhr Amundsen mit seiner *Gjöa* weiter bis Thule, um dort 105 Kisten mit Material an Bord zu nehmen, die schottische Walfänger für ihn auf einer winzigen Insel vor der Küste deponiert hatten. Darüber lesen wir in seinem Tagebuch:
»Die Schottländer sind es, die diese Gewässer beherrschen, und die schottischen Walfischfänger haben sich, darüber kann kein Zweifel bestehen, unter den gefährlichen und schwierigen Verhältnissen zu den tüchtigsten Eismeerfahrern unserer Zeit ausgebildet.« Und weiter lesen wir zum Verladen der Kisten vom Thule Depot auf die *Gjöa*: »Morgens um zwei Uhr gönnen wir uns Rast bei einer Tasse Kaffee, die wir wohl verdient hatten. Die Kisten wogen durchschnittlich ihre 130 Kilogramm und waren also kein Kinderspiel. Nach dem Kaffee begannen wir mit neuem Eifer. Ich wurde nun von vier Eskimo unterstützt. Es ist soviel darüber geschrieben worden, daß die Eskimo faul und unwillig und überhaupt im Besitz aller schlechten Eigenschaften der Welt seien; aber all dieses paßte jedenfalls auf meine vier Gehilfen nicht. Sie handhabten unsere Kisten, von denen viele ein Gewicht bis zu 200 Kilogramm hatten, mit einer Leichtigkeit und Gewandtheit, die ihresgleichen suchten, und anstatt Flüchen und Verwünschungen, die bei den ›zivilisierten‹ Arbeitern die stehende Begleitung in solchen Fällen ist, begleiteten diese Naturkinder ihre Mühe mit Gesang und allgemeiner Munterkeit.«

Amundsen hebt immer wieder die Erfahrung der Walfänger und die Tüchtigkeit der einheimischen Eskimo hervor.

Von Thule aus segelte er westwärts. Die *Hanseatic* steuert schon von der Disko Bucht nach Nordwest. Wie haben sich doch Zeit und Fahrweise geändert. Wir brauchen keine Kisten zu schleppen und genießen zwischen Vorträgen, Brückenbesuch und Lesestunden in der Observationlounge, in der der Pianist Berti Kiolbassa am Steinway-Flügel spielt, unser festliches Kreuzfahrtdinner mit allen Köstlichkeiten einer Fünf-Sterne-Küche. Neben der Rezeption hängt – ebenso wie auf der Brücke – eine große Seekarte mit der eingetragenen Mittagsposition, und das ausführliche Programm für den kommenden Tag finden wir am Abend neben einer kleinen Schokoladentafel auf unserem Kopfkissen, und dieses Programm steckt voller Informationen auf der Rückseite:

»Grönland: Die größte Insel der Welt umfaßt ein Gebiet von knapp 2,2 Millionen Quadratkilometern und hat nur 55 000 Einwohner. Die meisten davon sind Inuit. Als Grönland 1985 die Europäische Gemeinschaft verließ, wurde die Bevölkerung der Gemeinschaft davon kaum betroffen, aber ihre Fläche wurde halbiert! Eis bedeckt 84 Prozent des Landes bis zu einer mittleren Tiefe von 1500 Metern, so daß auf Grönland etwa 8 Prozent der Gesamteismenge dieser Welt liegen. Wenn dieses Volumen schmelzen würde, bedeutete dies einen Anstieg des Meeresspiegels weltweit um 7 Meter! Politisch gesehen ist Grönland heute eine selbständige Provinz Dänemarks, mit weitgehender Selbstverwaltung.«

Im Lancaster Sound

Im Jahre 1778 hatte der britische Kapitän James Cook bereits Teile der Nordwest-Passage vom Pazifischen Ozean, also vom Westen aus, erfolgreich erforscht und dabei festgestellt:
»Es ist nicht einzusehen, warum man an diese Sphinx noch weiter Zeit, Geld, Schiffe und Menschen verschwendet. Aufgrund meiner Beobachtungen steht fest, daß das Problem der Nordwest-Passage nur noch für die Wissenschaft der Geographie interessant ist. Für die Schiffahrt dagegen könne sie niemals von Nutzen sein. Dort, wo sie eines Tages gewiß gefunden wird, zwischen Grönland und der Beringstraße, schaffe das Treibeis selbst im Hochsommer so viele unüberwindliche Gefahren, daß kein gewissenhafter Seemann Schiff, Ladung und Mannschaft dem aussetzen dürfe.«

Diese klaren Worte waren der britischen Admiralität sehr wohl bekannt – aber England suchte fieberhaft weiter nach der Passage und überschüttete seine tapferen Polarfahrer auch nach Mißerfolgen großzügig mit Orden, Adelstiteln, Medaillen und Ehrenpensionen. Das Parlament setzte erstmals beachtliche Geldpreise aus. Dem, der bis zum 110. Grad westlicher Länge vordrang, wurden 5000 Pfund, dem Entdekker der Nordwest-Passage und ebenso dem Entdecker des Nordpols 10 000 Pfund versprochen. Das war damals sehr viel Geld!

Erfahrene Walfänger wie O'Reilly warnten zwar: »Solange die Erdachse ihren gegenwärtigen Neigungswinkel behält, wird es in den Gewässern des Nordens immer Eis geben, und jedes Schiff, das zum Pol oder zur Nordwest-Passage segeln will, wird auf ärgste Schwierigkeiten stoßen.«

John Barrow, Sekretär der britischen Admiralität, gab aber keine Ruhe, er warb weiter für »seinen Traum«, machte öffentliche Mittel frei und rüstete Expeditionen aus.

Im Frühjahr 1818 schickte John Barrow Kapitän John Ross mit den beiden Schiffen *Isabella* und *Alexander* mit der folgenden Reiseinstruktion nach Norden:
»Sollten Sie das Meer nördlich der Davisstraße frei von Eis finden, so halten Sie sich hoch nach Norden, ehe Sie auf Westkurs gehen, damit Sie beim Umfahren der Nordküste genügend offenes Wasser haben. Sobald Sie, etwa bei 72 Grad nördlicher Breite, die Nordwestliche Durchfahrt vollendet haben, gehen Sie durch die Beringstraße in den Pazifik, überwintern in Hawaii und kehren im folgenden Jahr durch die von ihnen entdeckte Nordwest-Passage zurück nach England!«

So einfach war das also. John Ross segelte los und erreichte den von Baffin bereits 1616 entdeckten Lancaster Sound. Der Sound ist die Einfahrt zur Nordwest-Passage, das wissen wir heute. Ross wußte es noch nicht und ließ sich täuschen.

Er schrieb in sein Logbuch:
»Hier ist kein Anzeichen für eine Durchfahrt, keine Strömung zu erkennen, kein Treibholz zu sehen, keine Dünung von Nordwesten; das Land scheint sich vielmehr über den ganzen Horizont vor dem Bug zu erstrecken…
Um drei Uhr meldete der wachhabende Offizier, am Ende der Bay scheine es sich aufzuhellen. Ich begab mich daraufhin sofort an Deck, und bald darauf klärte es sich für zehn Minuten ganz auf. Ich konnte das Land genau erkennen. Es zog sich vor uns über das Ende der Bay hin als eine lückenlos hohe Bergkette, die von Norden nach Süden verlief. Sie dürfte etwa zehn bis zwölf Seemeilen entfernt gewesen sein. Ich nannte diese Berge Crocker-Berge nach dem ersten Sekretär der Admiralität.«

Seltsamerweise hatte man an Bord des zweiten Schiffes *Alexander* einen ganz anderen Eindruck vom Lancaster Sound. Ein Offizier von Kapitän Parrys Mannschaft berichtete:
»Am 30. August standen wir querab vor einer breiten Einfahrt, die nach unserer Positionsberechnung nur Baffins Lancaster Sound sein konnte. Wir waren sofort einhellig der Meinung: Das muß die Nordwest-Passage sein! Die Breite der Einfahrt, die außerordentliche Tiefe des Wassers, das Ansteigen der Wassertemperatur und auch die Tatsache, daß Einfahrt und angrenzende See eisfrei waren, all das war uns ein ermutigendes Zeichen. Jeder von uns wünschte von ganzem Herzen nur noch, die Durchfahrt zu erforschen, die uns allen zu Ruhm und einem schönen Stück Geld verhelfen mußte. Wir nahmen Kurs auf die Einfahrt. Ihre Breite blieb fast überall gleich, soweit das Auge reichte, und nicht ein Stückchen Eis zeigte sich auf dem Wasser. Und auch von Land war voraus nichts wahrzunehmen. Alle Herzen an Bord schlugen erwartungsvoll schneller, und am liebsten wäre jeder ins Krähennest hinaufgestiegen, um als erster die Öffnung zu sehen, die uns ins Polarmeer und damit in die Nähe der amerikanischen Festlandküste führen würde.«

Aber vom Flaggschiff *Isabella* kam der Befehl zum Wenden und zum Verlassen des Sounds, und John Ross sagte in London: »Unsere Beobachtungen geben uns nicht das geringste Recht zu der Annahme, daß es eine Nordwest-Passage gibt, was, wie ich höre, von Zeitungen und einer halbamtlichen Autorität mehrfach immer noch behauptet wurde.«
Diese Bemerkung führte dann später zu einem offenen Streit zwischen John Barrow und John Ross.

Schuld an den Mißerfolgen war immer wieder die Tatsache, daß man bis dahin nur wenig Zeit für die Erforschung der eigentlichen Passage hatte, da Überwinterungen in der Arktis noch ganz unbekannt waren. Das änderte Kapitän William Edward Parry, der die Crocker-Berge von John Ross nicht wahrhaben wollte, als er sagte: »Aus dem Kampf mit dem Eis der Arktis haben wir manches gelernt; nur eins bisher nicht: wie man im Polarland überwintert, ohne Mannschaft und Schiff aufs äußerste zu gefährden.«

Parry erinnerte sich auch an die Erfahrungen seines großen Kollegen James Cook und forderte für seine erste eigene Expedition große Mengen antiskorbutisch wirkender Lebensmittel: Zitronensaft, Sauerkraut, Essiggemüse, Malz-, Hopfen- und Fichtennadelextrakt.

Am 1. August 1819 stand Kapitän Parry mit seinem Flaggschiff *Hecla*, einem ehemaligen Frachter, und dem kleineren Begleitschiff *Griper,* das war einmal ein Kanonenboot, in der Einfahrt zum Lancaster Sound.

»Wir alle spürten, daß dies der Punkt war, der über Erfolg oder Mißerfolg unserer Fahrt entscheiden würde. Wir sehnten nichts mehr herbei, als daß sich der Westwind endlich drehe, der uns aus dem Lancaster Sound entgegenblies und nur geringe Fortschritte erlaubte.«

Die Crocker-Berge sah niemand, und Parry schrieb weiter: »Als der Dunst sich hob und wir erkennen konnten, daß kein Land vor uns lag, die See zudem eisfrei war, begannen wir uns zu schmeicheln, daß wir in das Polarmeer vorgedrungen waren.«

Am 4. August war die Expedition bereits bei 86 Grad 55 Minuten westlicher Länge, also schon jenseits der vermuteten Crocker-Berge. Vor dem 90. Längengrad versperrte ein riesiges Eisfeld den Weg, aber im Süden gab es einen Wasserhimmel! Der Himmel über offenem Wasser zeigt eine andere Färbung als über Eis. Das hieß eisfreies Seegebiet! Parry fuhr mit seinem Schiff nach Süden und nannte das unbekannte eisfreie Wasser Prince Regent Inlet. Bald traf er aber auch hier auf Eis und segelte zum Lancaster Sound zurück. In einer wahren Irrfahrt entdeckte die Expedition das große Labyrinth aus Inseln und Wasserstraßen, die nach Süden, Westen oder Nordwesten führten. Am 11. September wurde der 110. Grad westlicher Länge überquert. Damit hatte sich die Expedition unter Kapitän Parry die ausgesetzten 5000 Pfund verdient.

Im September brachen dann die ersten Winterstürme los, und Parry fand im Süden der Melville Island eine Bucht, wo er mit seiner Mannschaft überwinterte. Dabei startete er Unternehmungen, die vor ihm noch kein Polarforscher gewagt hatte. Er zog wochenlang über Land und erkundete Melville Island. Seine Männer marschierten in den mondhellen Nächten und schliefen am Tage, wenn die Sonne schien.

Erst im August konnte Parry seinen Winterhafen verlassen, nachdem er eine schmale Fahrtrinne zum offenen Wasser des Melville Soundes durch Sprengungen aufgebrochen hatte. Im Westen versperrte Eis den Weg, ebenso im Süden. Und im September drohte schon der zweite Winter. Parry mußte trotz seiner großen Erfolge umkehren und erreichte Ende Oktober 1820 wieder London. Dabei hatte er zunächst viel Glück gehabt und guten Westwind, der ihn aus dem Lancaster Sound trieb. Kapitän Parry hatte die Passage nicht gefunden, aber den so lange gesuchten Weg dorthin, und John Barrow triumphierte:
»Wenn die Nordwest-Passage nach Cathay und den Ländern des Orients, die seit zweiundeinemhalben Jahrhundert nicht aufgehört hat, Ziel begierigen Suchens zu sein, auch noch nicht endgültig entdeckt ist, so dürfen wir doch endlich sagen, das Eis ist gebrochen, die Tür aufgetan, die Schwelle überschritten, das erste Wegstück ist bewältigt.«

Parry hatte mit seiner Überwinterung im Eis eine neue Phase der Polarforschung eingeläutet, und sein einstiger Expeditionsleiter und jetziger Rivale John Ross folgte seinem Beispiel einige Jahre später. Natürlich konnte er nicht ahnen, daß aus einer geplanten Überwinterung gleich vier wurden! Da John Barrow immer noch mit John Ross haderte, bekam der Kapitän von der Admiralität keine Unterstützung. Er opferte sein ganzes Vermögen und kaufte das ausgediente, nur 85 Tonnen große Paketboot *Victory*. Die größte Summe steuerte Ross-Freund und Likörfabrikant Felix Booth dazu. Als »Belohnung« gab Ross der Halbinsel südlich von Somerset Island den Namen Boothia Felix Peninsula.

Die *Victory* verließ England im Frühsommer 1829 und erreichte ohne Probleme den Lancaster Sound. Am Prince Regent Inlet fand Ross noch Proviant und Ausrüstung, die Parry dort zurückgelassen hatte. Im Prince Regent Inlet fuhr die Expedition bis zum 70. Breitengrad nach Süden und blieb dort im Packeis stecken. Den einzigen Durchschlupf nach Westen, die Bellot Strait, die zwischen Somerset Island und Boothia Felix Peninsula hinüber zum Peel Sound führt, hatte er nicht gefunden. John Ross wurde von seinem Neffen James Clarke Ross begleitet, und der wurde ihm eine große Hilfe, denn James hatte schon Parrys Expedition mitgemacht. Der Junge beherrschte ganz leidlich die Sprache der Eskimo und besaß die Erfahrung einer Überwinterung. James Ross hatte bei Parry auch das Reisen über schneebedecktes Land gelernt.

Während der ersten Überwinterung erkundete James Ross den Süden der Halbinsel und drang schließlich bis an die Westküste von King William Island vor. Bei seiner dortigen Ankunft ahnte James, daß es von hier aus offenes Wasser bis zur Beringsee geben müsse, da die Küstenlinie weiter im Westen bekannt war. Darüber schreibt James Ross in seinem persönlichen Bericht: »Wir befanden uns jetzt auf 98 Grad 32 Minuten und 49 Sekunden westlicher Länge. Die See westlich von uns war frei von Inseln. Wir hofften immer noch, im Laufe des Sommers mit dem Schiff bis hierher vorzustoßen, noch weiter zu segeln und die Nordküste Amerikas vollständig vermessen zu können.

Wir hatten uns zweihundert Landmeilen von der *Victory* entfernt. Wenn wir sparsam lebten, konnten unsere Lebensmittel noch weitere zehn Tage reichen. Ich gestattete meinen Männern, deren Füße sehr gelitten hatten, einen Ruhetag.
Auf dem Victory-Point, dem Endpunkt unserer Schlittenreise, errichteten wir ein Wahrzeichen aus Steinen und legten dort eine Büchse ab, die einen kurzen Bericht über die Vorgänge auf unserer Expedition enthielten. Es gehörte zu unseren Pflichten, dieser Sitte nachzukommen, auch wenn wir keine Hoffnungen hegten, daß unsere Erzählung jemals vor die Augen eines Europäers gelangen konnte.«

James Ross, der später zu den tüchtigsten und erfolgreichsten Polarforschern gehören sollte, konnte damals natürlich nicht wissen, daß genau dieser Steinmann am Victory-Point einmal mithelfen sollte, das große Geheimnis der Franklin-Expedition zu entschlüsseln.

Obwohl der Sommer verhältnismäßig warm war, brach das Eis doch erst im September auf. Endlich konnte man Segel setzen und an die Weiterfahrt denken.
»Welcher Seemann könnte unsere Freude darüber nicht nachfühlen, daß unser wakkeres Schiff endlich nach diesem langen Winter aus seiner Haft erlöst wurde, in der es zwischen Eis und Klippen hilflos und ohnmächtig gelegen hatte? Es schien wie neu belebt, gehorchte dem Ruder mit Lust und tat willig, was wir von ihm verlangten. Wir hätten vor Freude jauchzen können, weil wir endlich die Freiheit zurückgewonnen hatten. Aber wir sollten, wie schon mancher andere, nur zu bald herausfinden, daß Freiheit nicht immer Glück bringt.«

Nach nur drei Seemeilen wurde die *Victory* erneut vom Treibeis eingeschlossen. Strenger Frost setzte ein, und John Ross mußte sich auf seine zweite Überwinterung vorbereiten. Während dieser neuen Überwinterung entdeckte James Ross mit seinem Hundegespann den Magnetischen Nordpol. Das war ein großer Erfolg der Ross-Expedition. Das Schicksal wiederholte sich noch einmal. Ende August kam das Schiff vom Eis frei, fuhr wieder wenige Meilen und blieb erneut stecken. Kälte setzte ein. Die Mannschaft bereitete sich zur dritten Überwinterung vor.

In diesem dritten Winter gab Ross sein Schiff auf.
»Sie hätte ein besseres Schicksal verdient. Von den 36 Schiffen, auf denen ich in 42 Seemannsjahren gedient habe, war dies das erste, das ich aufgeben mußte. Es war wie der Abschied von einem alten Freund. An der letzten Stelle, wo wir sie noch sehen konnten, stand ich lange und starrte über die traurige Einöde zu ihr hinüber, die einsam und verlassen im Eis eingesargt blieb, bis die Zeit an ihr wie üblich ihr Werk verrichtet haben würde. Als die Boote vom Eisrand ablegten und Kurs nach Norden nahmen, kam ich mir wie ein Deserteur vor.«

Die Mannschaft kämpfte sich in kleinen Rettungsbooten mit den letzten Vorräten und der allernötigsten Ausrüstung über das Eis zum offenen Wasser vor, ruderte und

Dundas Harbor im Lancaster Sound ist eine seit langer Zeit verlassene Station der Royal Canadian Mounted Police, eine Geisterstadt zwischen Nordpol und Zivilisation. Kapitän von Harling prüft jedes Haus, bevor sich die Passagiere nähern. Dort könnten sich gefährliche Eisbären verbergen.

Auf einem Hügel gegenüber Dundas Harbor finden wir einen kleinen Friedhof mit einem halben Dutzend Gräber. Was haben die Polizisten hier am »Ende der Welt« getrieben? Wen oder was haben sie bewacht? Warum sind sie so jung gestorben? Wurden sie von der Einsamkeit bezwungen oder von Eisbären getötet? Eine Antwort finden wir nicht.

segelte nordwärts bis zu Parrys Depot. Parrys Depotschuppen an der Küste von North Somerset Island wurde zum festen Haus für die vierte Überwinterung ausgebaut, und erst Mitte August 1833 wagten sich die hartgeprüften Männer in das Prince Regent Inlet hinaus. Guter Wind brachte sie rasch in den Lancaster Sound. Dort traf die Expedition am 26. August den Walfänger *Isabella*, der sie mit nach England nahm. Mitte Oktober waren John und James Ross mit ihren Männern wieder zu Hause in London.

Hanseatic, 21. August

Das Meer ist ruhig, glatt und grau wie Blei. Kein Wind bewegt das Wasser. Die Temperatur beträgt 5 Grad. Unmittelbar nach dem Frühstück zeige ich den Passagieren unten in der Darwin Hall meinen Grönlandvortrag vom Prince Christian Sund bis hinauf nach Thule.

Aufgrund des völlig ruhigen Wetters haben wir einige Stunden Zeitvorsprung gegenüber unserem Plan und fahren bereits um die Mittagszeit in den Lancaster Sound hinein. Tief hängende Wolken, erstes Treibeis, etwa zwei Zehntel. Wir stehen mit dem Fernglas an der Reling. Keine Crocker-Berge am Horizont, sondern fast eisfreies Wasser. An Steuerbord schält sich langsam der mächtige, an vielen Stellen schuttbeladene Cunningham Gletscher aus dem Nebel. Dieser Gletscher fließt von einer großen Eiskappe in den Lancaster Sound. Wie nahe können wir da heran? Die Seekarten sind vor dem Gletscherabbruch ungenau. Deshalb fahren unsere beiden Ersten Thilo Natke und Randolph Hess zusammen mit Bettina Stambach, die eine ausgezeichnete und nimmermüde Schlauchbootfahrerin ist, und mir zur Erkundung per Zodiac an den Gletscher. Mit dem Handecholot messen die beiden Offiziere jeden Meter ab und finden so einen sicheren Ankerplatz für das Schiff. Zurück an Bord sehe ich große Aufregung. Die Passagiere stehen mit Ferngläsern und langen Brennweiten an der Reling und starren auf den Gletscher. Tatsächlich, da klettert ein junger Eisbär herum. Ein Dutzend Zodiacs wird zu Wasser gelassen. Die Schlauchboote brummen mit den Passagieren in Richtung Bär, der sich um uns überhaupt nicht kümmert. Für die Fotografen wälzt er sich genießerisch im Schnee und zeigt uns dann nur noch sein Hinterteil, während er in Eis und Nebel auf dem kalten Gletscher verschwindet.

Unser Schiff setzt die Fahrt fort, und während die Günter Koci-Band zur Tee- und Kaffeestunde aufspielt, meldet Eckart Pott von der Brücke aus einen zweiten Eisbären direkt vor dem Schiffsbug auf einer großen Scholle. Alles stürmt mit Ferngläsern, Videokameras und Fotoapparaten raus auf das Vordeck. Der Bär ist groß und ausgewachsen und dennoch erschrocken über die hochhausgroße *Hanseatic*. Er springt von seiner Eisinsel und schwimmt Steuerbord voraus. Der Kapitän ändert sofort unseren Kurs.
»Starbord three«
»Starbord three«

Wir folgen dem schwimmenden Bären, der die nächste Scholle erklimmt, sich schüttelnd das Wasser aus dem Pelz schleudert und erneut ins Wasser springt. Nach einer Viertelstunde bricht Eckart als Biologe und Eisbärexperte das Manöver ab, indem er den Kapitän um erneute Kursänderung bittet.
»Durch das erregte Schwimmen wird dem Tier viel zu warm. Das kann in dem kalten Wasser für das Tier gefährlich werden. Lassen wir ihn ziehen. Es wird nicht der letzte Bär auf dieser Reise sein.«

Die schwere Ankerkette rasselt am Abend vor Dundas Harbor in den Grund. Dundas Harbor ist ein verlassener Posten der »Royal Canadian Mounted Police«. Dort steht ein halbes Dutzend Häuser und Hütten, verlassen und halb verfallen. Kapitän von Harling geht vor uns, mit dem Gewehr – einer BSA 30-8, das ist Eisbärkaliber – sichernd, von Haus zu Haus und prüft, ob Eisbären im »Ort« sind.

Eckart war bereits vor einem Jahr hier und weiß von einem Eisbären zu berichten, der plötzlich hinter einem Haus auftauchte, sich aber erschrocken davon machte. Nichts, der Kapitän gibt uns den Weg frei. Zwischen den Häusern liegen rostige Fässer, neben ihnen zittert gelber arktischer Mohn im Wind. Unsere Botaniker zählen siebenundzwanzig unterschiedliche Pflanzen in Dundas Harbor. Die Fenster der Häuser sind zerschlagen, in einem großen Wohnraum liegen Bücher am Boden, ausgeliehen in einer kanadischen Stadtbücherei im Jahre 1935. Und an der Wand Inschriften von Abenteurern und Nordwest-Passage-Fahrern.

»Deutsche Kajak-Expedition Hans Memminger 1989«, lese ich da. Richtig, dieser alte Polarfuchs, sicher einer der besten Kajakfahrer und Expeditionsfilmer, war ja auch hier. Hans Memminger ist mit vier deutschen Freunden mit dem Kajak von Thule bis nach Resolute gefahren – und hat inzwischen auch den Peel Sound per Kajak in drei Sommern »bezwungen«. Eine beachtliche Leistung! Hier in Dundas Harbor hat die Expedition campiert. Dabei fanden sie den Ort nicht so leer wie wir. »Endlich, nach vierzehn Stunden sehen wir die Hütten der verlassenen Polizeistation Dundas Harbor. Wir sind ziemlich erschöpft, als wir unsere Kajaks an Land ziehen. Die letzten zwanzig Kilometer gegen den Wind waren härter als die 70 Kilometer zuvor. Fred und Johann kleiden sich im Windschatten der Hütten um. Mike und ich kramen noch in den Booten. Da, plötzlich ein Schrei – ein Bär! Wahrhaftig, wie aus dem Boden gewachsen steht plötzlich ein Eisbär vor der Hütte. Johann hat ihn als erster gesehen und ist auf das Dach geflüchtet. Wie er das so schnell geschafft hat, ist mir ein Rätsel. Fred rennt um die Hütte und springt durch das zerbrochene Fenster hinein. Da steht er wieder vor dem Bären, der inzwischen zur offenen Tür hereinschaut. Johanns Stimme überschlägt sich: »Das Gewehr – das Gewehr!« Der Bär sieht zu Johann hinauf und bemerkt Mike und mich gar nicht. Der Mensch da oben interessiert ihn anscheinend. Während Mike das Gewehr aus dem Futteral reißt, habe ich für alle Fälle meine Signalraketen bereit. Die Szene ist umwerfend komisch; Johann auf dem Hüttendach, Fred in der Hütte, der Bär vor der Tür, und Mike fummelt am Gewehr und schreit: »Wo ist die Munition?«. Der Bär schaut ratlos von einem zum anderen und macht das Klügste, was er nur machen kann, er trabt langsam davon. In dieser Nacht hätten wir gerne in der Hütte geschlafen, doch sie ist dermaßen verwahrlost, daß wir das Zelt vorziehen, auch auf die Gefahr hin, daß der Bär zurückkommt.«

Auf einem Hügel über der Geisterstadt liegt ein kleiner Friedhof mit Gräbern der kanadischen Soldaten. Sie sind jung gestorben, mit 20 Jahren, mit 25 und mit 30. Vor diesen Kreuzen drängt sich mir die Frage auf: Was haben die Männer hier am Ende der Welt getrieben? Was haben sie bewacht, gegen wen haben sie diese Insel verteidigt? Warum sind sie so früh gestorben?
War es die Einsamkeit, die ihre jungen Herzen gebrochen hat?
Oder war es die Sinnlosigkeit ihres Wachdienstes zwischen unserer Zivilisation und dem Nordpol?
Oder die Eisbären?

Unser erster Tag in der Nordwest-Passage wirft Fragen auf – klare Antworten finden wir aber nicht.

Beechey Island

Was für ein Wort! Was für eine Insel! Was für eine Geschichte!

Am 22. August ankert die *Hanseatic* bei Sonnenaufgang in der *Erebus*- and *Terror* Bay zwischen Devon Island und Beechey Island. Die Bucht ist eisfrei, ganz im Gegensatz zum Jahr 1992. Die *Frontier Spirit*-Expedition fand hier neben sechs (!) Eisbären so viel Packeis, daß man nur im Süden anlanden konnte und einen beschwerlichen Weg über die Berge bis zu den berühmten Franklin-Gräbern auf sich nehmen mußte. Wir dagegen sehen die einsamen Gräber schon vom Schiff aus und können direkt vor ihnen aus den Zodiacs auf das steinige Ufer klettern.

Die Insel erhielt ihren Namen nach Kapitän W. Frederik Beechey, der 1826 den Auftrag hatte, mit seinem Schiff *Blossom* vom Pazifik aus gen Norden zu segeln, um Franklin bei seiner zweiten Überlandexpedition Unterstützung zu leisten. Kapitän Beechey hat die Insel, die seinen Namen trägt, nie erreicht.

Das Thermometer ist auf ein Grad gesunken, aber die Sonne ergießt ihr goldenes Morgenlicht auf den steinigen Strand, der sich von einem Bergrücken herunter nehrungsartig nach Norden zieht, fast bis zur Devon Insel hinüber. Nur Südwind kann Eis in diese Bucht treiben – wahrlich ein trostloser Ort, aber ein sicherer Winterhafen für Schiffe und Mannschaft.

Die unbeschreibliche Klarheit und Reinheit der Arktis liegt über diesem Morgen, über der Insel, über dem Eis und dem Wasser. Solche Klarheit öffnet uns die Seele für alles Große und Schöne auf der Welt – selbst wenn die Geschichte von Beechey Island grauenvoll und töricht ist.

Keinen Menschen läßt diese Insel unberührt, für mich persönlich gehört sie zu den Höhepunkten der gesamten Passage-Expedition. Renate geht es nicht anders. Ergriffen stehen wir vor den schmucklosen Gräbern im Kies. Eben lagen sie noch im Glanz der bescheiden wärmenden Sonne, schon zieht Nebel auf und verschlingt die steilen Fels- und Geröllhalden im Hintergrund. Schneeflocken beginnen über dem Totenfeld zu tanzen und werden bald schon von Wind und Sonne wieder vertrieben.

John Torrington von der *HMS Terror* starb hier am 1. Januar 1846 im Alter von 20 Jahren. Ihm folgte John Hartnell von der *HMS Erebus* drei Tage später im Alter von 25 Jahren. Beide Männer haben die helle Sonne des Nordens nach dem ersten Winter in der Arktis nicht mehr gesehen. Am 3. April des gleichen Winters starb hier William Braine von der *HMS Erebus* im Alter von 32 Jahren. Im April war die Sonne schon wieder aufgegangen, brachte neue Hoffnung für die Männer auf der einsamen Insel am Rande der Welt, aber nicht mehr für William Braine.

Alle Inseln, Buchten, Kaps und Meeresarme in der Nordwest-Passage tragen die Namen von fähigen und unfähigen Polarkapitänen, von ihren Mäzenen und Majestäten, für die sie die Arktis erforschten und denen sie neues Land zu Füßen legen wollten. Hier sollten die Namen von jenen Männern stehen, die unschuldig für diese Sache starben, erfroren, ertranken, verhungerten, erschlagen und erschossen wurden. Und jene Namen, die an die unbekannten Frauen und Mütter erinnern, die sich zu Hause die Augen ausweinten und jahrelang auf eine Nachricht ihrer Männer und Söhne warteten und nie verstanden, warum die britische Admiralität dem Drama in der Nordwest-Passage tatenlos und willenlos und unfähig zusah? Es war das grauenvollste Drama der gesamten Polargeschichte, und Sir John Franklin, der Admiral und Befehlshaber dieses rätselvollen Unternehmens, wurde später allein zum Helden gemacht.
War er ein Held?
Hatte nicht er die alleinige Verantwortung für 129 Männer, die seinem Kommando unterstellt waren? Hätte er nicht auf erfahrene Ratgeber hören müssen? Mit Sir John Ross war Sir John Franklin persönlich befreundet. Aber auch seine Ratschläge hatte der Admiral verächtlich in den Wind geschlagen. Unter den Teilnehmern der Franklin-Expedition war ein Matrose, der zusammen mit John Ross viermal in der Arktis überwintert und überlebt hatte: der Steuermann Blanky. Aber ein Admiral konnte unmöglich Ratschläge von einem Matrosen annehmen! Wollte Sir John Franklin sich mit der Entdeckung der Nordwest-Passage doch noch eine Krone aufsetzen? War also Eitelkeit mit im Spiel? Sir John Franklin hatte selbst bereits große Verdienste und Erfahrungen in der Arktis sammeln können. Warum hat er diese Erfahrungen nicht genutzt? Warum hat Sir John Franklin die Befehle der geldgebenden Admiralität nicht befolgt? Diese Befehle waren klipp und klar formuliert:
»Fahrt durch den Lancaster Sound und Weiterreise nach Westen.«
»Westlich der Barrow Strait«, sagte der alte Mr. Barrow vor der Abreise zu dem Admiral, »das heißt hier, wo auf der Karte noch alles weiß ist, werden Sie auf dem 74. Grad nördlicher Breite ihren Weg zur Beringstraße suchen. Parry hat bereits viermal die Barrow Strait eisfrei gefunden. Es ist also anzunehmen, daß auch die übrigen Strecken des 900 Meilen langen Weges zur Beringstraße eisfrei sein werden. Sie laufen dann im Stillen Ozean die Sandwich Inseln an und senden schließlich von Panama aus einen Kurier über Westindien nach England zurück. Zur Heimreise nehmen Sie die übliche Route um Kap Hoorn.«
Sir John Franklin hat diese Route bereits westlich von Beechey Island verlassen.
Sir John Ross sagte dem Admiral zum Abschied:
»Es ist keine Schande für einen Kapitän, Rettungsboote bei sich zu führen.«
Der Admiral erwiderte seinem Freund arrogant:
»Für mich gibt es kein Mißlingen. Ich leite die bestausgerüstete Expedition, die England jemals in die Welt geschickt hat. Ich werde sie bis zum Letzten einsetzen, wie ich mich auch nicht schonen werde. Du kennst mich ja.«

Ross mahnte Wegzeichen für eine eventuelle Suchexpedition an, die Admiralität gab dem Expeditionsleiter über 1000 (!) Messingzylinder mit, in denen Nachrichten und Positionsmeldungen über Bord geworfen werden sollten. Außerdem sollten Nachrichten in den Zylindern an Land hinterlegt werden. Franklin hat keinen einzigen dieser Nachrichtenzylinder benutzt! Warum?

Es gibt keinen Überlebenden dieser Expedition, der Einzelheiten und Wahrheiten berichten könnte. Die Geschichte kennt nur die »Franklin-Expedition«, der Admiral ist nach wie vor der Held, der Führer, der in seiner tragischen Rolle mit ums Leben

Beechey Island in der Morgensonne. Diese Insel zeigt uns erste Spuren der Franklin-Expedition, erzählt uns tragische Geschichten. Die berühmten einsamen Gräber in der Arktis liegen wenige Schritte oberhalb der kleinen Eisberge am linken Bildrand. Kein anderer Ort in der Nordwest-Passage kann den Reisenden mehr erschüttern und gleichzeitig stärker faszinieren als diese öde Insel aus Steinen, Steinen, Steinen.

Auf Beechey Island überwinterte die Franklin-Expedition im Jahre 1846. Hier starben John Torrington, John Hartnell und William Braine. Bei dem Tod dieser Männer ahnte vermutlich niemand in der Mannschaft, daß sie alle ihren drei Kameraden folgen würden.

Das Northumberlandhaus auf Beechey Island wurde nicht von Franklin gebaut, sondern von Pullen während seiner Suchexpedition im Jahre 1852. Hier wurde Ausrüstung und Proviant in der Hoffnung zurückgelassen, daß Franklin noch am Leben sei und das Haus finden würde. Die totale Verwüstung des Northumberlandhauses stammt vermutlich von Eisbären.

Die Belcher-Säule ist ein Denkmal für Franklin, Bellot und Belcher mit verschiedenen Erinnerungsplaketten. An ihrem Fuß liegt eine Marmorplatte zu Erinnerung an die Franklin-Expedition, die Lady Franklin durch McClintock 1858 hier niederlegen ließ.

Wenige Schritte von der Belcher-Säule entfernt steht eine kleine Pyramide aus Treibholz, gefüllt mit Erinnerungsstücken vorbeifahrender Schiffe. Arved Fuchs fand hier Flaschenpost der *Frontier Spirit,* wir stießen auf eine leere Flasche von Arved Fuchs und hinterlegten eine halbvolle Flasche Hansen-Rum. Rechts neben Kapitän von Harling stehen Renate Weyer und Bettina Stambach.

kam. Wir stehen hier auf Beechey Island vor drei einsamen Gräbern, und der Admiral ist nicht dabei.

Nein, das war keine Franklin-Expedition. Das war eine Expedition von 129 Männern, eine Expedition von 129 Einzelschicksalen, die nach und nach in der tödlichen Arktis zerbrachen. 129 Männer haben hier gelitten, sind erfroren, an Skorbut gestorben, an Erschöpfung, sind im eisigen Sturm einfach liegengeblieben, wurden vorher wahnsinnig, weil ein stolzer Admiral sie in die Irre geführt hat. Und diese 129 Toten klagen ihren Vorgesetzten zusammen mit ihren Bräuten, Frauen und Müttern an:
»Was hast Du für unsere Sicherheit getan?«
»Wo waren die Schlitten und Hunde für eine Überlandexpedition?«
»Hast Du die Jagdplätze der Eskimo gekannt?«
»Wie jagt man Polarfüchse, Robben und Moschusochsen, Herr Admiral?«
»Wo hast Du Nachrichten hinterlegt – für unsere Sicherheit?«
»Warum mußten wir so grausam zugrunde gehen?«

Es wird ständig von den tausend Rätseln der Franklin-Expedition gesprochen. Es gibt gar nicht so viele Rätsel. Der Fahrtverlauf ist klar aufgezeichnet, der erste Überwinterungsplatz auf Beechey Island ist gefunden, ebenso der Platz vor Cape Felix, an dem die beiden Expeditionsschiffe aufgegeben wurden, und die Route des Todesmarsches der letzten 100 Männer bis nach Kanada.
Wo sind also die Rätsel?

Es wurde ein einziges Dokument hinterlegt und elf Jahre später von McClintock gefunden. Ein seltsames Dokument, das voller Fehler steckt und doch – fast – alles über die Katastrophenexpedition aussagt.

Wenige Meilen östlich von den drei einsamen Gräbern stand das Winterlager. Etwa dort, wo jetzt die weißrote *Hanseatic* vor Anker liegt, steckten die Schiffe Ihrer Majestät *Erebus* und *Terror* im Wintereis. Das war 1845. An ihren Mastspitzen flatterten die englischen Farben, und auf den Decks standen die Offiziere in glänzenden Uniformen. Blaugekleidete Matrosen liefen hin und her und pendelten zwischen Schiff und Insel. Hier am Ostrand von Beechey Island wurden Lagerschuppen gebaut, da klang das Hämmern der Zimmerleute durch die klare Arktisluft. Vorräte wurden eingelagert, Tauwerk repariert, Kleidung für den Winter neu genäht. 129 Männer brachten Leben nach Beechey Island, sie lachten, prügelten sich, spielten Karten und würfelten und vertrauten blind ihrem Admiral und glaubten an seine Polarerfahrung. Niemand dachte an eine Tragödie, die hier begann!

Im Januar 1846 starben die ersten Männer. An Skorbut? An Schwindsucht? An einem Unfall? Vielleicht explodierte ein Ofen, vielleicht gab es eine Fleischvergiftung. Oder kam ein Bär ins Lager?

»Ich denke, diese Frage ist geklärt«, wirft Renate ein, »man hat doch herausgefunden, daß es eine Bleivergiftung war.«
»Ok, die berühmte Bleivergiftung hin oder her. Das mag eine Mitschuld gewesen sein, aber sicher nicht der Hauptverursacher der Katastrophe.«

Anfang der achtziger Jahre haben die kanadischen Wissenschaftler Owen Beattie und John Geiger die Toten von Beechey Island vollständig erhalten aus dem Permafrost gegraben und exhumiert. Die Untersuchung der entnommenen Gewebeproben hat eine erhöhte Dosis an Blei ergeben. Daraus schlossen die Kanadier, daß die drei betroffenen Seeleute – und vermutlich auch die gesamte Expedition – an einer Bleivergiftung gestorben sind. Diese Bleivergiftung war angeblich das Resultat der schlecht verlöteten Konservendosen.

Buch und Film dieser »Beechey Island Expedition« erregten weltweit Aufsehen. Hatten Beattie und Geiger mit ihren Recherchen das Rätsel um Franklin gelöst?

Ich sage nein – sie haben aber die Weltöffentlichkeit erneut und eindrucksvoll auf das Drama in der Arktis hingewiesen. Heute weiß man, daß der hohe Bleigehalt in den Körpern der drei Matrosen von Beechey Island für die damalige Zeit durchaus nicht ungewöhnlich war. Und die Geschichte mit den schlechten Konservendosen ist nicht neu. Während die Franklin-Expedition in London bereits als verschollen galt, gab es in England besonders häufig Reklamationen der betreffenden Konservendosen, mit denen auch Franklin ausgerüstet war. Viele Dosen wurden unmittelbar nach dem Kauf schlecht. Sir John Ross hat die Admiralität sofort nach Bekanntwerden dieser Fälle informiert und erneut gewarnt. Seine Ausführungen wurden aber als Schwarzseherei abgetan.
Auch Amundsen schreibt, daß ihm Eskimo von verdorbenen Franklin-Konserven berichtet hatten. John Ross berichtet hingegen, daß er Parrys Konserven im Depot in allerbestem Zustand gefunden hatte: »Obgleich sie vier Jahre lang jedem Wechsel der Witterung ausgesetzt waren, hatten sie nicht im geringsten gelitten.«
Martin Selber hat Anfang der fünfziger Jahre seinen Roman »Und das Eis bleibt stumm« geschrieben. Gewiß, es handelt sich um einen Roman, aber Selber hat recht gut recherchiert und alle erhältlichen Tatsachen in seinem Buch verarbeitet. Er schreibt bereits ausführlich über die schlechten und »vergifteten« Konserven. Deshalb, so meine ich, haben Beattie und Geiger nichts »sensationell Neues« ans Tageslicht gebracht, außer den makabren Fotos, die um die Welt gegangen sind und heute in fast allen Arktis-Publikationen auftauchen.

Bis heute ist auch nicht bekannt, ob Franklin im Jahr 1845 nur bis Beechey Island kam und seinen Vorstoß nach Norden durch den Wellington Channel bis hinauf zum 77. Breitengrad vor oder nach der Überwinterung durchgeführt hat. Wir wissen nur, daß Franklin an ein eisfreies Polarmeer im Norden glaubte – ebenso wie John Barrow in London – und schon immer davon träumte, dort oben den idealen kurzen Weg zur Beringstraße zu finden.

Wie ist der Admiral gestorben? Wir wissen das Datum, aber nicht den Grund. Warum schweigt die einzige Nachricht darüber? Martin Selber vermutet in seinem Roman, daß sich Franklin nach der Einsicht »es gibt keine Rettung mehr – und ich trage allein die Verantwortung –« selbst erschossen hat. Sten Nadolny läßt Franklin in seinem Roman »Die Entdeckung der Langsamkeit« an zwei Schlaganfällen sterben.

Inzwischen stehen Renate und ich allein vor den Gräbern. Die meisten Passagiere sind weitergegangen, nach Osten zu den letzten Ruinen der Winterstation. Einige fahren bereits mit den Zodiacs zurück zur *Hanseatic*. Dort warten heißer Tee und köstlicher Lunch.

Es ist Zeit, sich auf den Weg zu machen. Wir gehen knappe zwei Meilen am Strand entlang – und tragen dabei neben einem schweren Stativ eine etwa 15 Kilogramm schwere Rolleiflex-Ausrüstung –, dann stehen wir vor dem letzten sichtbaren Schuppen der Tragödie, vor dem Northumberlandhaus. Es wurde nicht von Franklin, sondern von Pullen während einer Suchexpedition im Jahre 1852 gebaut und sollte der Belcher-Expedition als Stützpunkt für Proviant und Ausrüstung dienen. Bei der Heimreise hat Sir Edward Belcher – er suchte mit sechs Schiffen nach Franklin – alles dagelassen und gehofft, Franklin könne doch noch hier vorbeikommen und die Sachen dringend brauchen. Aus diesem Grund ließ er auch drei Boote bei der Hütte. Von Franklins Leuten aber lebte zu diesem Zeitpunkt niemand mehr.

1858 besuchte Sir Leopold McClintock mit der *Fox* diesen Ort und stellte fest, daß vieles fehlte und die Hütte selbst teilweise zerstört war. 1878 berichtete Sir Allan Young, daß dieses Depot von Bären völlig verwüstet sei.

Roald Amundsen fand 1903 im Northumberlandhaus noch letzte Reste von Kohlen und einen kleinen Vorrat Sohlenleder. Beides war ihm sehr willkommen, um die eigenen Bestände zu ergänzen.

Eisbär im Packeis. Auch wenn Eisbären von Natur aus neugierig sind, werden sie vor einem so großen Schiff wie der *Hanseatic* immer flüchten. Eine Verfolgung der wunderschönen Tiere wurde von der Schiffsleitung nach Absprache mit unserem Biologen und Eisbären-Experten Dr. Eckart Pott immer nach wenigen Minuten abgebrochen, damit sich die Bären während ihrer Flucht nicht unnötig erhitzten.

Vor dem eindrucksvollen Vogelfelsen der Prince Leopold Insel haben wir die erste Eisberührung und bekommen einen Vorgeschmack auf die nächsten Tage, die uns in den Peel Sound bringen sollen. Diese Eisdichte ist für die *Hanseatic* und ihren Kapitän noch kein ernstes Hindernis.

Weiter berichtet Amundsen:
»Der Schmied hatte einen Fund gemacht, über den er in höchstes Entzücken ausbrach; einen uralten Amboß. Ihn von dessen Mitnahme abzubringen, wäre nicht redlich gewesen. Die Expedition wäre einfach zugrunde gegangen, wenn wir den Amboß nicht mitgenommen hätten! – Er wurde nie benutzt!«

In seinem Tagebuch bemerkt Amundsen:
»Das Schicksal dieses Depots erscheint mir als eine Warnung für die Polarfahrer, die ihre Hoffnung auf 50jährige Depots setzen.«

Den Bericht über seine bisherigen Erlebnisse in der Nordwest-Passage steckte Roald Amundsen in eine Blechhülse und hängte sie gut sichtbar oben an die Belchersäule. Warum hat Franklin nicht ähnlich gehandelt?

Die Belchersäule ist ein Denkmal für Franklin, Bellot und Belcher mit verschiedenen Erinnerungsplaketten. An ihrem Fuß liegt eine schwere Marmorplatte zur Erinnerung an die Franklin-Expedition, die Lady Franklin durch McClintock im Jahre 1858 hier niederlegen ließ.

Vom alten Northumberlandhaus steht heute nur noch eine Ruine. Balken- und Pfeilerreste ragen in die kalte Luft, der Boden ist bedeckt von rostigen Dosen, Brettern, Nägeln und undefinierbaren Gegenständen. Erinnerung an die vielen Dramen dieser Region. Die Ruine dieses Geisterhauses unterstreicht nur die Traurigkeit und den Hauch des Todes, die über Beechey Island ruhen.

Nein, da ist noch etwas neben den Gräbern und dem Northumberlandhaus – da ist die Neuzeit, unsere Zeit. Die *Hanseatic* mit 150 Touristen, die ihren Urlaub mit einem Hauch von Abenteuer verbinden – und mit einem Hauch von Entdeckungsgeschichte. Diese neue Zeit finden wir in einer kleinen offenen Holzpyramide nur wenige Schritte von der Belchersäule entfernt. Arved Fuchs hat in dieser Pyramide eine Flasche mit einem Schreiben der *Frontier Spirit* aus dem Jahre 1992 gefunden. Wir fanden dort eine leere Rumflasche der *Icesail*-Expedition von Arved Fuchs aus dem Jahre 1993.
Die meisten Passagiere sind bereits zurück an Bord. Da kommt ein Zodiac mit unserem Kapitän von den Gräbern zum Northumberlandhaus. Natürlich trägt er wieder sein Gewehr in der Hand.
»Herr Kapitän, sehen Sie diese leere Flasche von Arved Fuchs aus dem vergangenen Jahr. Und diese hier von Kapitän Aye. Was gedenken Sie hier zu hinterlegen?«
Kapitän von Harling versteht sofort, was der Weyer meint, zwinkert mir mit einem Auge zurück und greift zu seinem Funkgerät.
»Kapitän an Brücke, schicken Sie sofort eine Flasche Rum, Hansen Rum, unseren besten, per Zodiac zum Northumberlandhaus.«
»Verstanden, eine Flasche Hansen Rum, vom besten, für den Kapitän zum Northumberlandhaus! Der Rum ist schon unterwegs!«
In wenigen Minuten ist Bettina im Zodiac mit der gewünschten Flasche hier. Kapitän von Harling will die Flasche Hansen Präsident 42 gerade in die Pyramide stekken, zur Erinnerung an die erste Durchfahrt der *Hanseatic*, da schießt mir ein Gedanke durch den kalten Kopf.
»Halt«, rufe ich, »das wäre Sünde!«
»Sind Sie mit Ihrer Kamera nicht schußbereit?«
»Doch, Herr Kapitän, aber ich denke mir, daß hier das Thermometer in wenigen Wochen gewaltig tief fallen wird, und das hält selbst der beste Hansen Rum nicht aus! Die Flasche wird zerspringen. Es sei denn, wir legen eine halbvolle Flasche hinein!«
Schon fliegt der Korken in den Kies.
»Auf die Nordwest-Passage und einen Schluck auch für Franklin und seine toten Männer!«
Der Kapitän gibt die Flasche weiter an Bettina. Sie setzt an und seufzt:
»Mein Gott, ist der gut, gerade richtig bei diesem scheußlichen Wind. Darf ich noch einen Schluck trinken?«
Der Kapitän nimmt ebenfalls einen zweiten Schluck, dann ist Renate dran und schließlich ich, der die Szene bisher nur ablichten durfte.
»Auf die Nordwest-Passage und auf alle Toten und Überlebenden, die hier oben gefroren haben!«
Schließlich legt der Kapitän die halbvolle Rumflasche neben den »ICESAIL-Beweis« in die Pyramide. Wer wird sie finden und ganz austrinken? Wer wird der nächste sein nach uns?

Tourismus in der Arktis – das ist nicht nur Neuzeit, das kann auch ein zweites Standbein für die hier lebenden Inuit werden. Für die Inuit in der Nordwest-Passage. Es ist kalt geworden, windig und ungemütlich. In der Morgensonne hatten wir Beechey Island betreten, bei stürmischem Schneetreiben fahren wir zurück zu unserem Schiff. Es ist Spätsommer, und wir spüren den kalten Wind, der uns in die Gesichter fährt. Wie mag es hier im Winter aussehen?

Die *Hanseatic* hat Anker gelichtet, auf der Brücke gibt es Routinearbeit. Wir fahren langsam aus der *Erebus*- und *Terror* Bay. Nur wenige Passagiere stehen draußen an der Reling neben mir und schauen zurück. Die Gräber sind nicht mehr zu erkennen, vor der rückwärtigen Steilwand liegt naßkalter Nebel.

Ade Beechey Island, behalte deine Toten und behalte deine Geschichten und mahne alle Vorbeikommenden: Die Natur ist groß und mächtig. Wehe dem Menschen, wenn er glaubt, er sei größer und mächtiger!
Und dennoch; die scheinbar unbesiegbare Natur hat den Kampf gegen die Zivilisation an vielen Stellen unseres Planeten bereits verloren, weil wir Menschen ständig verändern und neugestalten wollen. Zurückhaltung wäre hier eine sinnvolle Tugend, für die unsere Kinder und Enkel mehr als nur dankbar wären. Jeder Mensch braucht ein Stück Wildnis!

Die Natur, stark und wild, ist wie eine alte, in Schnee und Eis gemeißelte Sage, die manchmal in so feiner und zarter Stimmung ist wie ein Gedicht. Aber die Natur ist auch wie kalter Stahl, in dem sich das Spiel der Farben im Licht der Sonne spiegelt.« Fridtjof Nansen

Resolute Bay

Am Nachmittag dieses unvergeßlichen Tages fahren wir zu den Vogelfelsen der Prince Leopold Insel. Plötzlich ist der Himmel wieder wie leer gefegt. Die Sonne strahlt aus dem wolkenlosen Blau – und das Eis ist da; sieben Zehntel Alteis! An manchen Stellen erreicht das Packeis sogar acht bis neun Zehntel. Da demonstriert uns der Kapitän, was er und sein Schiff im Eis können. Eine eindrucksvolle Kostprobe auf die nächsten Tage. Neun Zehntel Eis, das ist viel, sehr viel! Zum ersten Mal hören wir die Stöße und Schläge am Schiff, das Kratzen der Schollen. Aber diese neuen Geräusche beunruhigen uns nicht. Im Gegenteil, dem Fotografen schlägt das Herz höher. Endlich Sonne, Eis und Wasser – bis zum Horizont.

Auf großen Schollen haben sich blaue und türkisgrüne Tümpel gebildet und ergeben faszinierende Farbspiele in dieser arktischen Wunderwelt. Da sind tausend unterschiedliche Muster, ein Grafiker könnte keine schönere Linienführung finden. Die Nordwest-Passage wird immer wieder als grau und farblos, neblig, trüb und landschaftlich eher langweilig beschrieben. Das genaue Gegenteil erleben wir hier und heute. Blau der Himmel, blau das Wasser, dazwischen blendendes Weiß mit Farbtupfern aller kalten Schattierungen und zwischen Wasser und Himmel die fast schwarzen senkrechten Felsen von Prince Leopold Island mit zahllosen Dreizehenmöwen, Dickschnabellummen, Eissturmvögeln und Silbermöwen. Eckart erklärt uns, daß es in dieser Kolonie etwa 500 000 Seevögel gibt! Der Kapitän manövriert die *Hanseatic* unmittelbar an die fast 300 Meter hohen Klippen heran. Das ist atemberaubend schön – und das sind wieder goldene Pflastersteine.

Wer solche Traumlandschaften bewußt erlebt, muß sich bedingungslos für deren Erhalt einsetzen. Prince Leopold Island am Lancaster Sound steht unter Naturschutz – aber was nützt das, wenn die Industrienationen Tausende Meilen entfernt ihren Dreck in den Himmel blasen, so daß es selbst am Ende der Welt kaum noch weißen Schnee gibt und die lebenswichtige Ozonschicht über den Polarkappen wissentlich und vorsätzlich zerstört wird.

An diesem Abend gibt es das erste Recap an Bord, das ist eine aktuelle Rückschau, auf der Lektoren und Passagiere über alles sprechen können, was sie erlebt und gesehen haben. Natürlich ist das Christines große Stunde, sie ist Historikerin für die Nordwest-Passage, und ich höre noch heute ihren ersten Satz, mit dem sie ihre Eindrücke von Beechey Island präzise und wohlformuliert zusammenfaßt: »Das Knirschen meiner Stiefel im Kies dieser Insel werde ich ein Leben lang nicht vergessen!«

Am Abend hören wir vom russischen Eisbrecher *Kapitan Khlebnikov*, daß Resolute und auch Point Barrow im Moment fast eisfrei sind. Aber das kann sich täglich, sogar stündlich ändern.

Hanseatic, 23. August

Ab 4.00 Uhr früh fährt unser Schiff durch einen dicken Packeisgürtel in die Bucht von Resolute, wo Schiff und Passagiere für Kanada einklariert werden müssen. Lange Schreibtischarbeit für unsere Zahlmeisterin Heidi Steuber.

Resolute auf Cornwallis ist eine Siedlung mit knapp zweitausend Seelen, einem Flugplatz, zwei Hotels, einem Supermarkt, einer sehenswerten Kirche und einer großen modernen Schule voller Computer für die Inuitschüler mitten in der kanadischen Hocharktis.

Der Ort ist zum Verkehrsknotenpunkt dieser Gegend der Northwest Territories geworden und auch zum Ausgangspunkt vieler arktischer Expeditionen. Der Magnetische Nordpol, dessen Position durch die veränderliche Richtung und Stärke der erdmagnetischen Felder ständig wandert, befindet sich heute (1994) rund 340 Kilometer nordwestlich von Resolute in der Nähe von King Christian Island. Wer hier ein romantisches Eskimodorf mit Iglus und Schlittenhunden erwartet, wird sofort eines besseren belehrt. Resolute ist wie alle Orte in der kanadischen Arktis künstlich auf den kalten Boden gebaut.

1947 errichteten Kanadier und Amerikaner auf 74 Grad, 43 Minuten nördlicher Breite eine Landebahn und eine Wetterstation. Wenige Jahre später wurden Eskimofamilien hierher zwangsausgesiedelt, weil es in ihrer eigenen Heimat – weiter im Süden – nur noch wenig Wild gab, hier aber die Versorgung der Menschen durch große jagdbare Tierbestände sicherer erschien. Zu den Jägern und Fängern gesellte sich ein gigantischer kanadischer Verwaltungsapparat. Resolute setzt sich eigentlich aus zwei Siedlungen zusammen. Der Teil rund um den Flughafen wird »the Base« genannt und besteht aus Regierungsbauten, während das wenige Kilometer entfernte Eskimodorf eine Siedlung aus kleinen bunten Holzhäusern ist.

Zu den interessantesten Einwohnern von Resolute Bay gehören sicher Bezal und Terry Jesudason, die in der Ortsmitte ein gemütliches Hotel unterhalten, das High Arctic Center. Bezal ist Inder, wurde in Madras geboren und studierte in Hamburg Maschinenbau. Als Ingenieur ging er dann nach Kanada, dort verliebte er sich in seine Frau Terry und in die hohe Arktis. Seit vielen Jahren ist Bezal die gute Seele aller ernst gemeinten Expeditionen, ihr Berater und Ausrüster. Ob Arved Fuchs alleine zum Nordpol laufen möchte, die erste Frau, Helen Thayer aus Neuseeland, zum Magnetischen Nordpol oder ob Hans Memminger im Kajak in die Nordwest-Passage aufbricht – sie alle landen zunächst im High Arctic Center bei Bezal und Terry, die das beste Essen zwischen Nordpol und Hudson Bay kochen kann.

Ich kannte Bezal bereits aus verschiedenen Büchern und Expeditionsberichten, dann liefen wir uns vor zwei Jahren in Thule persönlich über den Weg. Ich zog damals gerade nach Siorapaluk, der nördlichsten Siedlung der Welt, er kam mit einem Dutzend amerikanischer Touristen vom Nordpol zurück. Einige Tage verbrachten wir zusammen bei unserem gemeinsamen Freund Hans Jensen in Thule. Hans Jensen ist Eskimo und führt in Thule ein kleines, sehr gemütliches Hotel. Natürlich führt mich mein erster Weg in Resolute zum High Arctic Center. Bezal ist auch zufällig daheim.

»Hallo, du bist der Fotograf aus Thule und das ist sicher deine Frau. Wie ist doch noch euer Name?«
So unkompliziert sind die Menschen im Norden.

Resolute Bay ist zum Verkehrsknotenpunkt dieser Gegend der Northwest Territories geworden; eine typische Frontstadt in der Hohen Arktis mit allen Versorgungsmöglichkeiten, die hier »oben« notwendig sind: Flugplatz, Hotels, Telefon und Fax, ein Supermarkt.

Natürlich gehört ein Wegweiser an einen so ausgesetzten Ort. Tröstlich zu wissen, daß der Südpol, an dem es noch kälter und noch windiger ist, 11368 Meilen entfernt ist. Zur eigenen sicheren Orientierung dient die obere Tafel mit dem Pfeil: You are here!

Renate Weyer im Gespräch mit Bezal Jesudason. Der Inder studierte in Deutschland und wanderte nach Kanada aus. Dort kümmert er sich um Expeditionen in die Arktis. Von Arved Fuchs, der als erster Mensch in einem Jahr zu beiden Polen lief, bis zu Helen Thayer, die als erste Frau den Magnetischen Nordpol besuchte, schwärmen alle Polarexperten von der Fürsorge Bezals in Resolute.

Typische Holzhäuser in Resolute Bay. Die Ortschaften in der kanadischen Arktis glänzen nicht durch optische Schönheit, sie sind praktisch angelegt und bieten den Bewohnern warme und windgeschützte Unterkünfte. Vor dem Haus der Clarks hängt Robbenfleisch, um in der klaren und sauberen Luft zu trocknen.

Mancher Besucher aus unserer Zivilisation mag die Hände ringen und denken: Warum überall nur Sperrmüll? Erst bei längerem Aufenthalt in der Hohen Arktis lernt man die Problematik richtig einzuschätzen. Hier liegt ein dreiviertel Jahr lang Schnee! Der Boden ist immer fest gefroren! Kaputte Autos dienen als wertvolle Ersatzteillager, Kistenbretter holt man nicht aus dem Baumarkt, sondern hinter seinem Haus hervor.

Menschen der Arktis. Die Inuit von Resolute wurden erst vor wenigen Jahren mit unserer westlichen Zivilisation konfrontiert und müssen damit fertig werden. Während die Alten noch als Fänger und Jäger leben und ihre traditionelle Kleidung tragen, sitzen die jungen Mädchen…

…und Buben in der Schule vor ihrem Computer, tragen Jeans und Turnschuhe und Anoraks aus dem Supermarkt und treffen sich in der Disco. Sie träumen von einem Job im Hotel, im Geschäft, in der Bank oder in der Verwaltung.

»Wir sind mit der *Hanseatic* unterwegs durch die Nordwest-Passage.«
»Hab' ich mir gedacht, scheint ein tolles Schiff zu sein, und einen mutigen Kapitän müßt ihr auch haben. Kommt, Terry wird euch Kaffee kochen. Wie sind deine Thule-Bilder geworden, ich erinnere mich noch genau an deine tolle Rolleiflex!«

Da bist du am Ende der Welt unterwegs und triffst plötzlich Freunde, mit denen man schon irgendwo einmal zusammenhockte.
Und wieder wird mir der Unterschied zwischen der klassischen Entdeckungsgeschichte, die hier in der Nordwest-Passage mit Amundsens *Gjöa*-Reise zu Ende ging, und unserer Neuzeit voll bewußt. Die Nordwest-Passage hat heute ihre eigene Infrastruktur, überall leben Menschen ganz unterschiedlicher Nationen mit Telefon, Fax und Fernsehschirmen, mit Flugplätzen, Helikoptern und Eisbrechern. Und das alles hat sich in ganz wenigen Jahren ereignet. Parry, Ross, Franklin und Amundsen stießen hier oben auf jagende Nomaden, die nie vorher Weiße gesehen hatten. Viele von ihnen glaubten, sie seien die einzigen Menschen auf der Welt. Das Land, unendlich groß und weit, gehörte ihnen allein und ebenso die Moschusochsen, die Robben und Wale. Und plötzlich sind diese Menschen Kanadier, bedienen ihre Motorschlitten und sitzen vor dem Videorecorder. Unsere Zivilisation hat die Arktis unvorstellbar schnell verändert und einen großen Teil der Eskimokultur bereits total zerstört. In Bezals Hotel fällt mir der Aufsatz von Ann Meekitjuk Hanson, einer Inuitjournalistin aus der kanadischen Arktis, in die Hände. Ich lese:
»Wenn Besucher von überall her nach Norden kommen, teilen wir unsere Welt mit ihnen. Ihr Besuch ist uns willkommen. Aber ich muß daran erinnern, daß unser Leben in der jetzigen Zeit sehr zerbrechlich ist, wir sind anfällig wie die Natur um uns herum. Wir sind Teil dieser Natur. Wir mögen in unseren modernen Kleidern westlich aussehen, aber im Inneren sind wir Inuit, die die alten Werte unserer Vorfahren praktizieren.«

Den großen Sprung dieser Menschen aus ihrer Welt und Kultur in die unsere stellte schon Knud Rasmussen während seiner langen Schlittenreise fest:
»Ich hatte erwartet, diese Menschen in recht ursprünglichen Lebensumständen vorzufinden, wurde in dieser Hinsicht jedoch maßlos enttäuscht. Was wir nämlich vorfanden, war die schlimmste Form von Schundladen- und Konservenkultur. Und als ein starkes Grammophon in Gang gesetzt wurde und Carusos mächtige Stimme aus Igjugarjuks Zelt ertönte, gewann ich das Gefühl, daß wir uns, was das Studium dieser Menschen anging, verkalkuliert hatten. Wir waren etwa hundert Jahre zu spät gekommen.«
Bezal schenkt Kaffee nach und fragt nach unseren Plänen.
»Wir gehen wieder nach Thule, vielleicht kommen wir auch nach Resolute, können wir von hier aus per Hundeschlitten nach Beechey Island oder zu anderen historischen Plätzen?«
»Natürlich, ich organisiere das für euch!«
Und dann plaudern wir über gemeinsame Freunde wie Arved Fuchs, der sich zur Zeit mit seiner *Dagmar Aaen* in der Nordostpassage herumtreibt.
»Hast du was von Arved gehört?«
»Kein Wort, vielleicht steckt er irgendwo im Eis. Aber Arved geht dabei nicht unter, er ist einer der besten Polarfüchse, die ich kenne. Grüße ihn von mir und Terry, wenn du ihn in Deutschland triffst.«

Die Zeit läuft uns davon, ich möchte mich mit der Kamera noch etwas in Resolute umschauen, bevor wir zurück an Bord fahren. Cecilia hat Zodiac-Dienst und fährt uns zur *Hanseatic* zurück. Sie lacht trotz des eisigen Windes und strahlt aus ihrem Helly Hansen Survival-Anzug wie immer, wenn sie in ihrem Element Boot, Wasser und Wind ist.
»So eisfrei kenn' ich diese Bucht gar nicht. Vor einem Jahr sah das ganz anders aus. Wir steckten mit der *Frontier Spirit* 25 Seemeilen vor Resolute im Eis fest und warteten auf den Eisbrecher *George R. Pearkes* mit seinen 8000 PS. Der kam schließlich und brach uns bei allerschönstem Sonnenschein eine Fahrtrinne. Dabei beobachteten wir viele Ringelrobben auf ihren Eisflößen und nicht weniger als sechs Eisbären. Wir haben dann hier übernachtet, und am nächsten Morgen war die Bucht voller Packeis. Wir fuhren mit den Zodiacs los und bestiegen sogar große Schollen, um die *Frontier Spirit* bei schönstem Wetter mitten im Eis zu fotografieren. Am Abend hat uns dann die *George R. Pearkes* rausgeholfen, und es gab einen Sonnenuntergang mit zwei Eisbären und einem Green Flash ›als Nachschlag‹ (Green Flash ist eine blitzartige Lichterscheinung, die in den Polarzonen bei Sonnenuntergang vorkommen kann). Ihr hättet dabei sein sollen!«
Cecilia hat ihr Leben auf dem Meer verbracht, und ihre Begeisterung hat nicht nachgelassen. Wir laufen bei kräftigem Wind – fünf bis sechs Knoten aus Südost – aus und finden gleich hinter der Bucht sieben Zehntel Eis vor. Kurz vor Mitternacht erreicht die *Hanseatic* den Peel Sound.

Der alte Fänger aus Resolute hat sein Iglu längst gegen ein warmes Holzhaus eingetauscht und schneidet Eisbären, Wale und andere Tiere seiner Heimat aus Speckstein, Knochen und Elfenbein für die wenigen Touristen, die sich hierher »verirren«.

Der Schlüssel zur Nordwest-Passage

Im Norden Kanadas winden sich Meeresarme, Inseln und Landzungen wie ein Spinnennetz zwischen dem Festland und dem ewigen Packeis, das den Pol umgibt. Je nach Windrichtung wird das Eis mal hierhin und mal dorthin getrieben. Durch die Nordwest-Passage führen viele Wege, aber welcher ist eisfrei und schiffbar? Der direkte logisch erscheinende Weg führt vom Lancaster Sound in den Melville Sound und weiter durch die McClure Strait in die Beaufortsee. Aber dort sind schon Franklin und vor ihm auch Parry gescheitert. Selbst ein Ausweichen vom Melville Sound durch die Prince of Wales Strait hinunter in den Amundsen Gulf ist für unser Schiff unmöglich. Der Eisbrechertanker *Manhattan* hat diese Route gewählt und bekam zwischen Victoria Island und Banks Island große Eisprobleme. Unser Icemaster Tom Irvine hat diese Idealroute bereits mit der *HMCS Labrador* 1954 ebenfalls geschafft. Der westliche Melville Sound gehört zu der Region, die mit permanentem Polareis bedeckt ist, während die Meeresarme im Süden von Resolute Packeisgürtel mit freiem Wasser dazwischen aufweisen.

Welcher Weg ist aber möglich und richtig? Das muß der Kapitän jeweils in Resolute entscheiden – und es ist eine Lotterie. Die Eiskarten, die regelmäßig per Fax von der Coast Guard auf der Brücke landen, sind zwar gute Anhaltspunkte, gelten aber nur für den Moment. In wenigen Stunden kann sich die Eissituation verändern.

Franklin machte den verhängnisvollen Fehler, es in der Victoria Strait zu versuchen. Diese Entscheidung war für seine Expedition tödlich. Hätte er King William Island östlich umfahren, wäre die Katastrophe vermutlich ausgeblieben, und Franklin hätte sich die Krone des Entdeckers der Nordwest-Passage aufsetzen können.

Arved Fuchs hatte sich vor einem Jahr in Resolute für das Prince Regent Inlet entschieden und verlor fast sein Schiff vor der Bellot Strait, die das Prince Regent Inlet mit dem Peel Sound verbindet und – wenn eisfrei – eine ideale Nordwest-Passage darstellt. Arved Fuchs bekam sein Schiff wieder frei und mußte umkehren und um die gesamte Somerset Island zurückfahren – in den Peel Sound hinein.

Kapitän Hartvig von Harling entscheidet sich in Resolute für den Peel Sound.

Hanseatic, 24. August

Die Temperatur ist wieder auf vier Grad gestiegen, der Wind ist ruhig. Am Morgen wechselt das Eis zwischen drei Zehntel und sieben Zehntel. Die Sonne kommt heraus. Unser Schiff läuft vier bis fünf Knoten, nicht mehr. Der Peel Sound ist im Norden bis zu achtzig Kilometer breit und im Süden nur noch vierzig bis fünfzig. In der klaren arktischen Luft können wir beide Ufer deutlich erkennen, flach und unbewohnt mit nur wenigen herausragenden Landmarken. Aber was ist das? Von Backbord sehen wir plötzlich eine weite zusammenhängende Eisbarriere im Osten. Sie erstreckt sich vor dem fernen Ufer über den gesamten Horizont. Durch das Fernglas sehen wir gegen unüberwindliches Eis. Und doch existiert es nicht – es ist eine Fata Morgana.
Sind das die Crocker-Berge von John Ross?
Lose dahintreibendes Packeis wird in der flimmernden Luft senkrecht nach oben reflektiert. Je klarer das Wetter ist, desto stärker können solche Spiegelungen auftreten. Natürlich narrten die vielen Luftphänomene der Arktis alle früheren Entdecker.

Wir fahren heute nach genauen Karten, die klassischen Entdecker fuhren hier im Peel Sound in die letzten weißen Flecken hinein und mußten durch ihre eigene Erfahrung mit dem Eismeer zurechtkommen. Sie wußten auch in freiem Wasser, was ein heller Horizont – ein Eisblink – zu bedeuten hatte. Hinter dem Horizont lag dann eine Eisdecke. Das umgekehrte Phänomen nennt man Wasserhimmel. Selbst wenn das Eis bis zum Horizont reicht, kann eine freie Wasserfläche den Himmel darüber dunkler erscheinen lassen. Hier im Peel Sound treffen wir den Kapitän ständig auf der Brücke an. Er schläft scheinbar überhaupt nicht mehr! Immer wieder muß Kapitän von Harling Eisfeldern ausweichen und Fahrtrinnen im Packeis suchen. Eigentlich möchte ich jede Minute auf der Brücke oder an Deck verbringen.

Am Abend passieren wir die Bellot Strait und fahren sechs Seemeilen weit in den nur 16 Meilen langen Verbindungskanal – dann stoppt uns undurchdringliches Packeis. Im Norden liegt Somerset Island, an Steuerbord sehen wir das abweisende Ufer von Boothia Felix Peninsula und wissen, das ist bereits kanadisches Festland. Die Bellot Strait wurde von John Ross bei seiner Reise im Jahr 1829 übersehen – leider – und erst 1851 während der Suche nach Franklin entdeckt. McClintock gelang die erste Durchfahrt 1858 unter allergrößten Schwierigkeiten.

Hanseatic, 25. August

Die Nacht ist windstill, die Motoren laufen gedrosselt und ständig schlagen große, harte Schollen gegen das Schiff. Die *Hanseatic* bewegt sich im Schneckentempo durch einen unglaublich dichten Eisbrei. Um 2.00 Uhr morgens haben wir die Position 71 Grad 41 Minuten Nord erreicht und neun Zehntel Alteis. Nichts geht mehr. Die *Hanseatic* liegt erstmals im Eis fest. Wir sind bereits in der Franklin Strait. Der Kapitän schaltet die starken Eisscheinwerfer an und versucht es weiter westlich. Das Schiff bewegt sich – sechs Meilen in neun Stunden. Jetzt befinden wir uns genau dort, wo 1992 die *Frontier Spirit* zusammen mit zwei Eisbrechern vollständig eingeschlossen wurde. Roald Amundsen fuhr in dieser klippenreichen Gegend mit seiner *Gjöa* auf Grund und hätte dabei fast das Schiff verloren, wenn er nicht die halbe Ladung über Bord geworfen hätte und mit einem letzten Verzweiflungsakt über die Klippen gesprungen wäre.

»Es war morgens sechs Uhr, als wir aufliefen. Wir machten gleich ein Boot klar, um zu loten und zu untersuchen, in welcher Richtung wir am besten einen Versuch machen könnten, loszukommen. Der kürzeste Weg schien achteraus zu sein, aber da der Grund der beiden Untiefen, auf denen wir schon aufgestoßen waren, im Wasser höher lag als das Riff, auf dem wir festsaßen, war unsere Aussicht, achteraus darüber wegzukommen, sehr gering. Wir mußten also die Versuche voraus gegen Süden machen. Die Lotungen ergaben keine große Hoffnung. Das Riff zog sich in dieser Richtung hin und hatte an der seichtesten Stelle nicht mehr als einen Faden Wasser.

Aufbruch zur nächsten Etappe bei Sonnenuntergang. In Resolute muß sich der Kapitän entscheiden, welchen Weg er nach Süden nimmt. Selbst wenn die Eiskarten freies Wasser versprechen, kann sich das schon nach einem Tag ändern. Arved Fuchs hat in Resolute falsch entschieden, Hartvig von Harling richtig. Glück gehabt!

Der Peel Sound in der Abenddämmerung. Vor uns liegt das westliche Ufer der Somerset Insel – und Eis, immer mehr Eis. Eine Landschaft fast ohne Farbe, fast ohne Höhepunkte – und doch unendlich groß und grenzenlos weit. Die Welt scheint nur noch aus Wasser und Eis zu bestehen, aus kalten, windgepeitschten Felsen, die von den Gletschern der Eiszeit flachgehobelt wurden. Selbst das leuchtende Blau des Eises verschwindet – wird zu Blei.

Wind hat die Wolken weggerissen – und das Eis um unser Schiff getrieben. Neun Zehntel Eis! Unsere Geschwindigkeit beträgt eine Meile pro Stunde! Mein Fotografenherz schlägt höher: Was für ein großartiger An- und Ausblick. Grauenhaft und furchterregend muß dieses gleiche Bild allerdings für die Entdecker gewesen sein, die genau hier im Peel Sound in die weißen Flecken der Weltkarte vorstießen (nächste Doppelseite).

Das Eis verdichtet sich im Peel Sound mehr und mehr, und nichts als Eis zeigt auch der Radarschirm. Der Kapitän bleibt 24 Stunden auf der Brücke, sucht nach der kleinsten Öffnung und steuert die *Hanseatic* hinein. Einen totalen Stillstand des Schiffes gibt es trotz der enormen Eisdichte nicht.

An Backbord baut sich eine senkrechte Eisbarriere auf – über den gesamten Horizont. Diese Barriere existiert in Wahrheit nicht – sie ist eine Fata Morgana. Treibendes Packeis wird in der flimmernden Luft senkrecht nach oben reflektiert. Wieviel Seefahrer mögen solchen Luftspiegelungen zum Opfer gefallen sein?

Ein anderes Phänomen der Arktis ist der Halo. Er entsteht ganz ähnlich wie ein Regenbogen. Nur gibt es hier keine Wassertropfen, sondern Eiskristalle in der Luft. Ist es bei diesen heute bekannten Phänomenen verwunderlich, daß John Ross damals fest an Berge hinter dem Horizont glaubte, die in Wahrheit nicht existierten?

Unsere Schiffsleitung hat den kanadischen Eisbrecher *Sir John Franklin* um Hilfe gebeten. 30 Meilen von unserem Schiff entfernt steckte der Eisbrecher selbst fest, mit vielen Stunden Verspätung erreicht er die *Hanseatic* und fährt als »Pfadfinder« voraus.

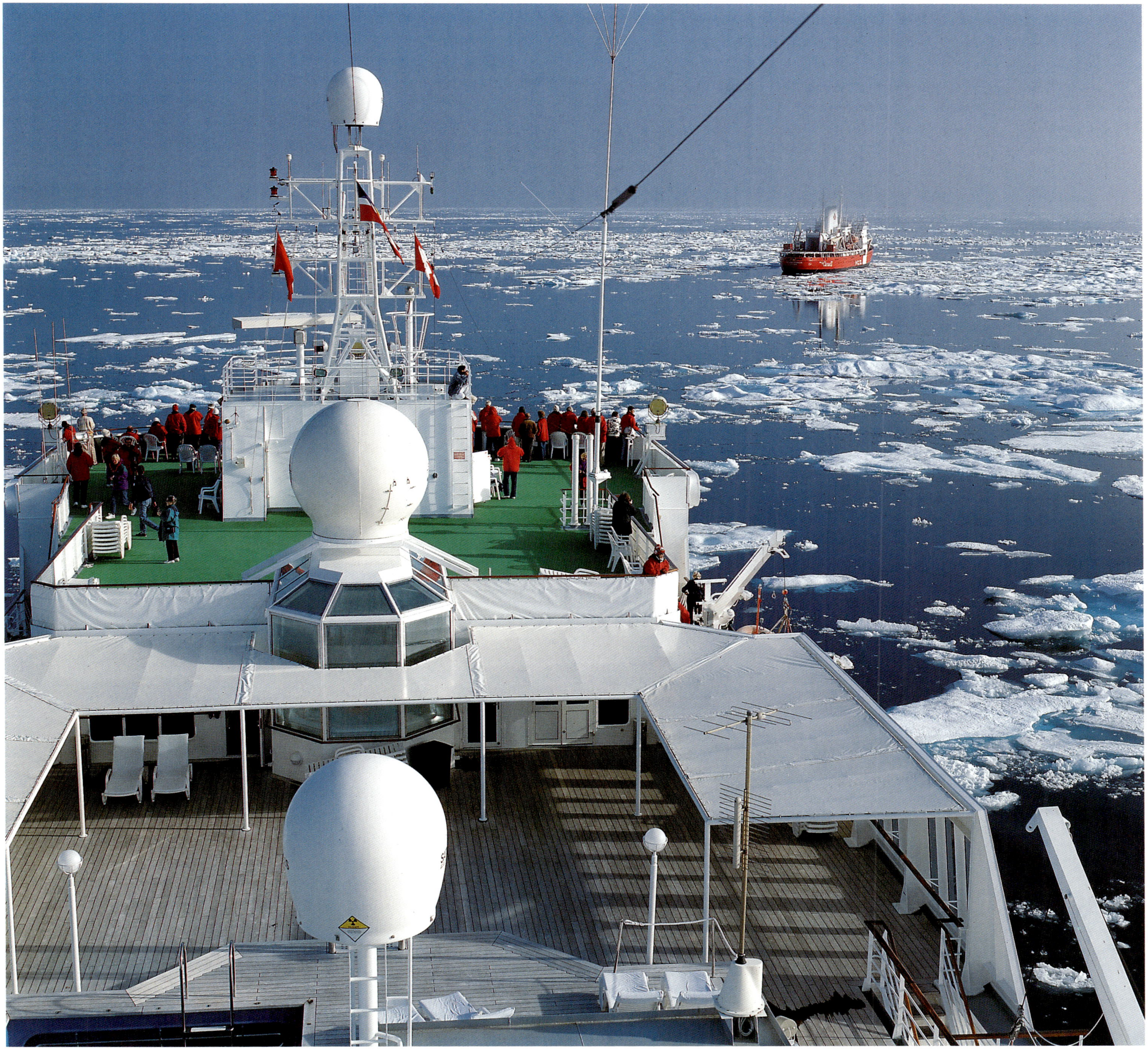

Der Eisbrecher sucht einen Weg mit Hilfe seines eigenen Bordhubschraubers, der pausenlos über das Packeis donnert und jedes freie Loch an die beiden Brücken weitermeldet. Auf dem Sonnendeck der *Hanseatic* verfolgen die Passagiere diese Manöver gespannt mit ihren Kameras und Ferngläsern.

Der Eisbrecher *Sir John Franklin* – auf dem Achterdeck ist der Helikopter für die Eisaufklärung zu erkennen – gehört zur kanadischen Coastguard und hat die Aufgabe, die Versorgungswege zwischen den einzelnen Siedlungen freizuhalten. Unser Icemaster Captain Tom A. Irvine ist wiederum der Verbindungs- und Kontaktmann zwischen der Schiffsführung und der kanadischen Coastguard.

Farben und Formen wechseln von Minute zu Minute. Nach einem strahlenden Tag schiebt sich eine dunkle Wetterwand vor die untergehende Sonne. Das Eis nimmt die Farbe der Wolken an, freies Wasser wird zu glänzendem Metall. Die Nordwest-Passage zeigt uns ihre grenzenlose Schönheit.

Auf dem kürzesten Weg voraus betrug die Entfernung über das Riff mehr als zweihundert Meter. Mit einigen wenigen Tonnen Ballast hatte die *Gjöa* einen Tiefgang von sechs Fuß. Beladen, wie sie jetzt war, lag sie zehn Fuß zwei Zoll tief. Die Aussicht, über das Riff hinüberzukommen, war also nicht glänzend. Aber wir hatten keine Wahl. Wir mußten versuchen, die Yacht so viel wie möglich zu erleichtern. Zuerst schafften wir fünfundzwanzig unserer schwersten Kisten über Bord. Sie enthielten Hundepemmikan, und jede wog hundertneunzig Kilogramm. Alle übrigen Kisten der Decklast wurden auf die eine Seite geschafft, um das Schiff so weit wie möglich auf die Seite zu legen.

Um acht Uhr morgens verlief das Wasser in nördlicher Richtung und fiel um einen Fuß. Wir waren also bei der Flut aufgelaufen. Nun bereiteten wir alles für die nächste Flut vor. Der Wurfanker wurde hinausgeworfen, und auch sonst wurden alle Kunstgriffe angewendet, die Yacht auf die Seite zu legen. Es war schönes, stilles Wetter mit hellem Sonnenschein, mit andern Worten, gerade ein Tag, um in diesem Fahrwasser ein tüchtiges Stück vorwärts zu kommen. Und da lagen wir nun und kamen nicht vom Fleck! Wir faßten uns aber in Geduld, warteten und setzten unsere Hoffnung auf die Flut. Unser Observator benützte die günstige Gelegenheit, eine Bestimmung des Ortes aufzunehmen. Wir waren in der Nähe einer kleinen Insel auf der Nordseite der Insel Maaty.

Abends um sieben Uhr hatten wir die Flut. Aber trotz aller unserer Vorbereitungen, trotz aller unserer Anstrengungen brachten wir die Yacht keinen Zoll vorwärts. Als gegen acht Uhr die Dunkelheit anbrach, mußten wir die Arbeit für diesen Tag aufgeben.

Als ich frühmorgens um zwei Uhr auf Deck kam, blies es frisch aus Norden. Um drei Uhr fing die Yacht an, sich zu bewegen, und zwar wie in Krämpfen. Ich ließ daher alle Mann wecken, damit sie bei jeder Gelegenheit, die sich bieten würde, sogleich bereit wären. Der Nordwind verwandelte sich in einen Sturm mit Regen. Wir zogen und zogen die Bugsierleine, aber alles war umsonst. Das Schiff stieß heftig. Wie immer in zweifelhaften Lagen beriet ich mich mit meinen Kameraden, und wir beschlossen nun, das letzte Mittel anzuwenden – nämlich die Yacht wegzusegeln. Der Schaum spritzte hoch über Bord, und der Sturm jagte laut heulend mit mächtigen Stößen daher; aber wir kämpften und arbeiteten tapfer, und es gelang uns auch, die Segel zu setzen. Und jetzt begann eine Fahrt, die keiner von uns je vergessen wird, und sollte er so alt werden wie Methusalem!

Die heftige Segelpressung und die hohen scharfen Wellen hoben die Yacht auf – und jagten sie nach vorn wieder zwischen die Klippen, so daß wir vollständig darauf gefaßt waren, die Schiffsplanken im nächsten Augenblick auf dem Wasser herumschwimmen zu sehen. Der Afterkiel zersplitterte und tauchte auf. Wir konnten nicht viel weiter tun, als den Lauf der Ereignisse beobachten und den Ausgang ruhig abwarten.

Daß ich ganz ruhig gewesen wäre, als ich da oben in der Takelung stand und dem Tanz von einem Stein zum andern zuschaute, könnte ich allerdings nicht behaupten. Ich machte mir die bittersten Vorwürfe. Hätte ich in den Mastkorb eine Wache gesetzt gehabt, so wäre das nie passiert. Die Wache hätte nämlich das Riff von weitem gesehen und gewarnt. Sollte nun diese meine Unvorsichtigkeit unser ganzes Unternehmen zum Scheitern bringen? Was so ausgezeichnet begonnen worden war – wir, die wir so weit gekommen waren, wie vor uns noch niemand – sollten wir, die so glücklich über die Strecken der Passage hinübergekommen waren, die von allen für die schwierigsten gehalten wurden –, sollten wir nun gezwungen sein, anzuhalten und mit Schande bedeckt umkehren? Umkehren – ja! Das konnte noch die Frage sein. Wenn die *Gjöa* zerschmettert wurde – was dann?

Ich mußte mich mit aller Kraft festhalten, um nicht, so oft die Yacht aufgehoben und wieder auf die Steine niedergeworfen wurde, weit ins Wasser hinausgeschleudert zu werden… Wenn die Yacht zertrümmert würde! Die Aussichten dazu waren die allergrößten. Das Wasser um das Schiff wurde immer seichter; an dessen Rand konnte ich sehen, wie die Wogen sich brachen. Und gerade dorthin schien uns aller Wahrscheinlichkeit nach der rasende Nordwind immer weiter zu treiben. Die Segel standen straff wie Trommelfelle, die Takelung ächzte, und ich fürchtete jeden Augenblick, sie über Bord gehen zu sehen. Wir näherten uns immer noch dem seichtesten Teil des Riffs, und wilder und immer wilder spritzte der Schaum über die Yacht herein.

Jetzt betrachtete ich es fast als unmöglich, daß das Fahrzeug über den Rand des Riffes hinüberkommen würde, ohne entzwei zu gehen – das Riff lag beinahe offen da. Noch wäre es Zeit, ein Boot auszusetzen und es mit dem Notwendigsten zu beladen! Ich befand mich in der entsetzlichen Lage, eine Entscheidung treffen zu müssen. Auf mir lag die ganze Verantwortung – der Augenblick kam heran, wo ich meine Wahl treffen mußte: entweder die *Gjöa* mit den Booten verlassen und sie zerschmettern lassen – oder das Äußerste versuchen und vielleicht mit Mann und Maus untergehen! Ich ließ mich an einer Pardune hinuntergleiten, um so rasch wie möglich auf Deck zu gelangen.
›Wir müssen die Boote klarmachen und sie mit Proviant, Gewehren und Munition beladen.‹
Da fragte Lund, ob wir nicht einen letzten Versuch machen und den Rest der Decklast auswerfen sollten.

Dies war ja mein eigener stiller, brennender Wunsch gewesen, den ich aber wegen den andern nicht auszusprechen gewagt hatte. Jetzt stimmten alle wie einer mit Lund überein, und hei! flog die Decklast hinaus. Wir taten uns zu zwei und zwei zusammen, und da flogen zweihundert Kilogramm schwere Kisten über die Reling wie Heusäcke. Dann war es getan, und ich kletterte wieder in die Takelage hinauf. Wir waren jetzt nicht mehr als eine Schiffslänge von der seichtesten Stelle entfernt. Schaum und Wasser fegten über die Yacht hin, der Mast zitterte – die *Gjöa* bereitete sich zu einem letzten, entscheidenden Sprung vor. Dann wurde sie aufgehoben – hoch hinauf – und plötzlich mit Gewalt auf die nackten Steine geschleudert – Stoß auf Stoß, heftiger als je… In meiner Not schickte ich – ich gestehe es ehrlich – ein heißes Gebet zu dem allmächtigen Gott empor –, noch ein Stoß, ein heftigerer als alle andern – noch einer – und wir glitten weiter!

Ich sprang in den Mastkorb. Es war keine Sekunde zu verlieren – es galt, einen Weg zu finden, aus all den Untiefen heraus, die dicht um uns herumlagen. Leutnant Hansen stand ruhig und sicher am Steuer, ein prächtiger Mensch! Jetzt rief er: ›Am Steuer ist etwas nicht Ordnung! Es gehorcht nicht!‹

Sollte nun schließlich das das Ende vom Liede sein – daß wir leewärts dort auf die Insel trieben?

Da flog die Yacht wieder über ein Felsenriff weg, und dann ertönte der frohe Ruf: ›Das Steuer ist wieder all right!‹

Das Wunderbare war geschehen: Der vorhergehende Stoß hatte das Ruder ausgehoben, daß es mit den Zapfen auf dem Beschlag ruhte. Aber der letzte Puff brachte es wieder in seine richtige Lage.

Selten wurden auf der *Gjöa* jubelnde Begeisterungsausbrüche laut; wir waren alle von Natur ziemlich ruhige, stille Leute. Aber diesmal konnten wir den Jubel nicht zurückhalten – und er brach los.«

Von hier aus fuhr Franklin in sein Verderben. Eine böse Ecke also in der Nordwest-Passage. Auf der Brücke gibt es Schwerstarbeit, die *Hanseatic* boxt sich langsam, sehr langsam, weiter durch neun Zehntel Packeis mit einem Knoten pro Stunde. Es ist wärmer geworden; acht Grad. Da ist aber keine Panik, nicht einmal Unruhe auf der Brücke.

Der Kapitän zieht ruhig und gelassen an seiner Pfeife – auf der Brücke riecht es ständig nach gutem Tabak – und die Offiziere pendeln zwischen Kartentisch und Instrumenten, um dann wieder durch das Glas zu schauen und nach Wasserrinnen zu suchen. So schwer die Durchfahrt für die Schiffsführung auch sein mag, für die Passagiere ist das Erlebnis dieser arktischen Eiswüste atemberaubend. Und erst für den Fotografen! Eine rosarote Sonne leuchtet über den Nebelbänken am Horizont, das Eis ist blau, kalt, abweisend, tödlich. Aber diese Sonne signalisiert Licht, Wärme, Leben. Eine Welt aus Licht und Wasser, aus Eis und Nebel. Eine Welt ganz ohne Menschen, ganz ohne Zivilisation. Goldene Pflastersteine.
Weltschöpfung in der Franklin Strait.

Hanseatic, 26. August

Kurz nach Mitternacht passieren wir Dixon Island im Süden von Prince of Wales Island und machen gute Fahrt. Teilweise stoßen wir sogar auf freies Wasser. Vor uns liegt der Larsen Sound. Um 5.00 Uhr früh ist es wieder so weit. Gewaltige Schollen aus dichtem Mehrjahreseis treiben aus dem McClintock Channel in den Larsen Sound. Zunächst registriert die Brücke acht Zehntel Eis, bald sind es neun Zehntel. Die Victoria Strait vor uns wirkt wie ein riesiger Trichter mit einem zu schmalen Abfluß in den Queen Maud Gulf. Vom immer gefrorenen arktischen Ozean wird ständig Eis in die nach Süden laufenden Finger der gewaltigen Spinne der Passage gedrückt. Das Eis driftet durch den McClintock Channel und durch den Peel Sound, aus dem Prince Regent Inlet wird auch Eis durch die Bellot Strait dazugepreßt, und mitten in dieser viel zu engen Abflußmöglichkeit liegen die Inseln Jenny Lind Island und Royal Geographical Society Island als zusätzliche Sperren. Da hat sich der Teufel etwas Tolles ausgedacht!

Die Temperatur ist wieder auf vier Grad gefallen, aber der Wind scheint zu schlafen. Nebel kommt auf, und wo gestern noch großartiges Funkeln und Leuchten in allen Farbspielen der Arktis war, ist jetzt nur graue, deprimierende Suppe. Alle Farben sind aus dem Himmel und aus dem Eis gewichen. Nasse Kälte liegt über der stillen Welt.

Um 9.00 Uhr geht nichts mehr. Das Schiff steckt wieder fest in der kalten Umklammerung des Eises. Der Kapitän ruft die kanadische Arktisüberwachung an. Ihre Empfehlung: nach Westen ausweichen.

Meter für Meter durchpflügt unser Schiff die Eisbarriere. Da ist eine Rinne, dann versperren erneut Schollen den Weiterweg und die Sicht wird nicht besser. Die Schiffsleitung bittet um Eisbrecherunterstützung. Um 16.00 Uhr kommt die positive Antwort der Coast Guard. Auf Jenny Lind Island ist der kanadische Eisbrecher *Sir John Franklin* – wie sollte er auch anders heißen – stationiert. Er wird uns entgegenkommen. Aber unser Kapitän steckt seine Hände deshalb nicht in die Tasche. Er steht weiter auf der Brücke, trinkt Kaffee, raucht seine Tabakspfeife und steuert die *Hanseatic* nach Süden – neun Meilen weit in zwölf Stunden.

Hanseatic, 27. August

Blauer Himmel, Windstille, fünf Grad.
Der liebe Gott läßt die Sonne im Eis nur so funkeln. Eis, blendend weißes Eis bis zum Horizont. Vor uns. Hinter uns. An Backbord. Und an Steuerbord.

Alle Passagiere sind an Deck und starren gebannt nach Südwesten. Die ersten Liegestühle werden in die Sonne gerückt. Um 6 Uhr früh haben wir bereits den Eisbrecher erwartet. Nichts passiert.

Um 9.00 Uhr meldet die Coast Guard, daß die *Sir John Franklin* bei zehn Zehntel Eis festsitzt und versucht nach Osten auszuweichen. Die *Sir John Franklin* hat einen eigenen Helikopter an Bord und kann ständig Eisaufklärungsflüge durchführen. An Deck der *Hanseatic* wird Glühwein serviert. Dann, kurz vor Mittag, geht ein Ruf durch das Schiff:
»Eisbrecher voraus!«

Am Horizont ist die rote *Sir John Franklin* als winziger Punkt im Luftflimmern erschienen, um 12 Uhr treffen sich die beiden Schiffe. Der Eisbrecher setzt sich eine halbe Meile vor die *Hanseatic* und bricht eine Fahrtrinne bei sechs Zehntel Eis. Nebel kommt auf, aber nur Bodennebel. Und an Backbord erscheint ein großartiger Eisbogen in der Atmosphäre. Ein Eisbogen entsteht wie ein Regenbogen, bei dem die Wassertropfen durch Eiskristalle ersetzt werden. Die Farben des Regenbogens bleiben dabei aus. Wir fahren zügig im Zickzackkurs. Pausenlos donnert der Helikopter über uns und sucht nach einem Durchschlupf im Packeis. Die Sonne spielt mit den Nebelfeldern Katz und Maus. Einmal ist der Eisbrecher zu sehen, dann verschwindet er wieder in der nächsten Nebelbank.

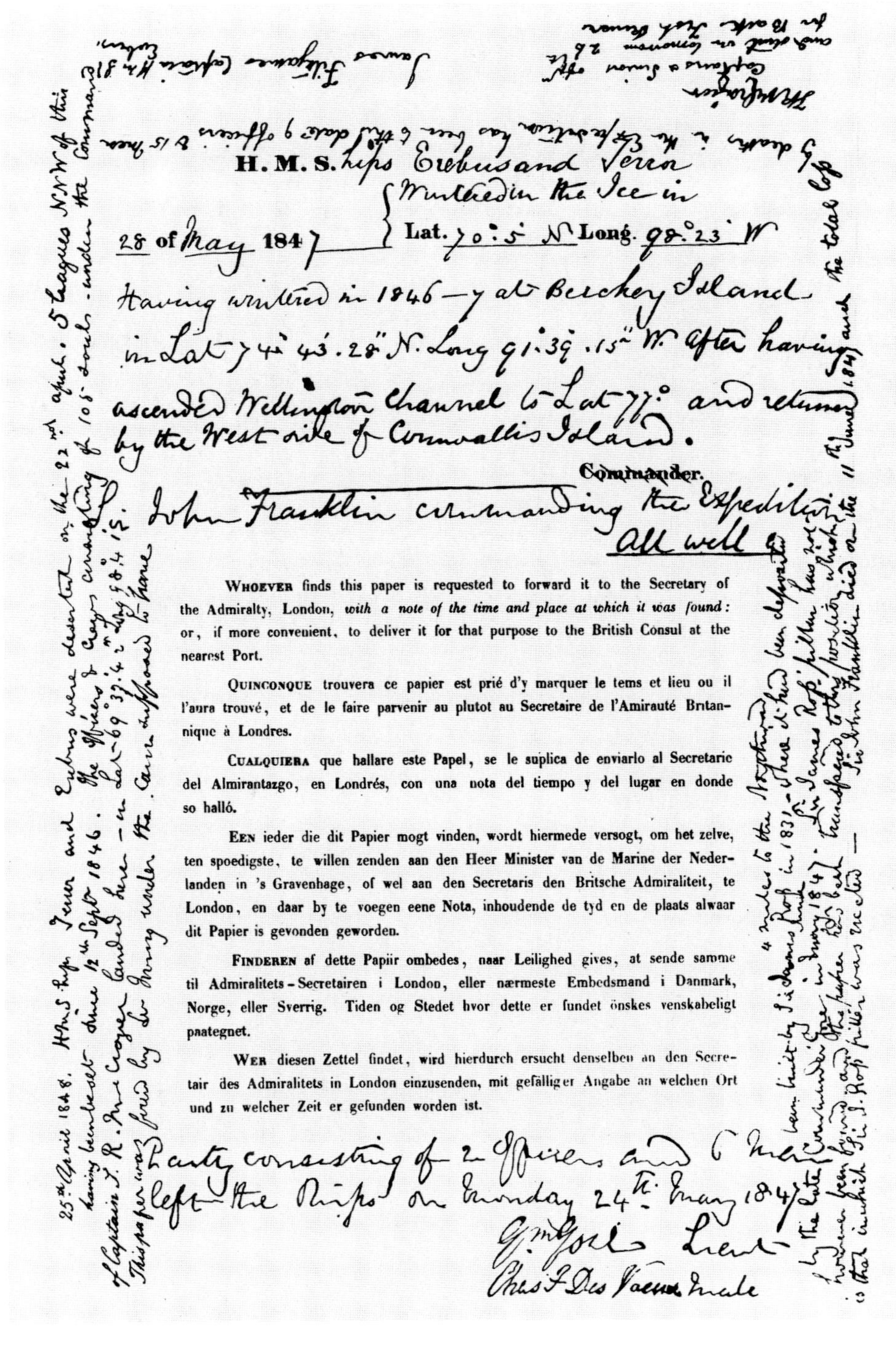
H. M. S.hips Erebus and Terror
Wintered in the Ice in
28 of May 1847 Lat. 70°5' N Long. 98°23' W
Having wintered in 1846–7 at Beechey Island
in Lat 74° 43'.28" N. Long 91°39'.15" W After having
ascended Wellington Channel to Lat 77° and returned
by the West side of Cornwallis Island.
Commander.
Sir John Franklin commanding the Expedition
All well

Whoever finds this paper is requested to forward it to the Secretary of the Admiralty, London, *with a note of the time and place at which it was found:* or, if more convenient, to deliver it for that purpose to the British Consul at the nearest Port.

Quinconque trouvera ce papier est prié d'y marquer le tems et lieu ou il l'aura trouvé, et de le faire parvenir au plutot au Secretaire de l'Amirauté Britannique à Londres.

Cualquiera que hallare este Papel, se le suplica de enviarlo al Secretario del Almirantazgo, en Londrés, con una nota del tiempo y del lugar en donde so halló.

Een ieder die dit Papier mogt vinden, wordt hiermede versogt, om het zelve, ten spoedigste, te willen zenden aan den Heer Minister van de Marine der Nederlanden in 's Gravenhage, of wel aan den Secretaris den Britsche Admiraliteit, te London, en daar by te voegen eene Nota, inhoudende de tyd en de plaats alwaar dit Papier is gevonden geworden.

Finderen af dette Papiir ombedes, naar Leilighed gives, at sende samme til Admiralitets-Secretairen i London, eller nærmeste Embedsmand i Danmark, Norge, eller Sverrig. Tiden og Stedet hvor dette er fundet önskes venskabeligt paategnet.

Wer diesen Zettel findet, wird hierdurch ersucht denselben an den Secretair des Admiralitets in London einzusenden, mit gefälliger Angabe an welchen Ort und zu welcher Zeit er gefunden worden ist.

Party consisting of 2 Officers and 6 Men
left the Ships on Monday 24th May 1847
Gm. Gore Lieut.
Chas. F. Des Voeux Mate

Plötzlich fällt Nebel in das Bild. Das Eis weicht, und die *Sir John Franklin* verabschiedet sich, verschwindet vor uns am unsichtbaren Horizont. Die Schlüsselstelle in der schiffsfeindlichen Nordwest-Passage ist geschafft.

Ich schaue gebannt nach Backbord. Dort liegt hinter dem Horizont King William Island, die Todesinsel der Franklin Expedition. Bis hierher sind die Männer mit ihrem Admiral gekommen. Wenige Meilen vor der Küste blieben HMS *Terror* und HMS *Erebus* für immer im Eis stecken. Das war am 12. September 1846, also nur knappe drei Wochen später.

Von Norden driftete aber immer neues Eis in den »Trichter« Victoria Strait. Das Eis schob die Schiffe weiter nach Süden, vielleicht wären sie irgendwann einmal in das freie Wasser des Queen Maud Gulfes getrieben – in zehn Jahren, oder auch in fünfzehn Jahren!

Die Franklin-Expedition überwinterte auf den eingefrorenen Schiffen zum zweiten Mal. Es war der Winter 1846/47. Während dieser Überwinterung starb der Admiral am 11. Juni 1847. Woran starb er? Niemand weiß das. Nach Franklins Tod hatte der Kapitän der HMS *Terror*, Francis R. M. Crozier, das Kommando der Expedition übernommen und beide Schiffe mit den übrig gebliebenen 105 Seeleuten nach einer dritten Überwinterung am 22. April 1848 verlassen, um einen verzweifelten Marsch zum kanadischen Festland anzutreten. Niemand überlebte diesen Todesmarsch an der Westküste von King William Island entlang und über die Simpson Strait zur Halbinsel Adelaide. Dort wollten die Männer den Back River erreichen.

All' diese Informationen stammen aus dem einzigen Dokument (siehe Seite 85) der Franklin-Expedition, das von McClintock im Frühjahr 1859 an der Westküste von King William Island gefunden wurde. Steckte es in dem Steinhaufen, den James Ross 1830 am Victory Point aufgebaut hatte? Die so lange und sehnsüchtig gesuchte Botschaft stand auf einem Vordruck, den Franklin auf Befehl der Admiralität ständig hinterlegen und in verschlossenen Messingzylindern auch dem Meer übergeben sollte – wie eine Flaschenpost.

Selten wurde mit so wenig Sätzen so viel erzählt. Selten steckte eine schriftliche Nachricht so voller Fehler und Rätsel.
»28. Mai 1847. HMS *Erebus* und *Terror* überwinterten im Eis auf Lat. 70° 5'N Long. 98° 23' W. Davor überwintert in 1846/47 auf Beechey Island auf Lat. 74° 34'28"N.Long. 91° 39'15"W, nach dem Aufstieg bis Lat. 77° im Wellington Channel und der Rückkehr auf der Westseite von Cornwallis Island. Sir John Franklin befiehlt die Expedition. Alle wohlauf. Ein Trupp bestehend aus zwei Offizieren und sechs Mann hat die Schiffe am Montag, dem 24. Mai 1847, verlassen. G.M.GORE, Lieut. Chas.F.Des Voeux, mate.«

Das Datum der Überwinterung auf Beechey Island ist falsch, die dortigen drei Grabinschriften belegen das. Franklin hat 1845/46 auf Beechey Island überwintert. Die Nachricht sagt auch nicht, ob man vor oder nach der Überwinterung, also 1845 oder erst 1846, im Wellington Channel bis 77° Nord gefahren ist. Warum steht auf der Nachricht kein Wort über das Ziel der beiden Offiziere? Warum haben sie die Schiffe am 24. Mai verlassen?
»Alle wohlauf«, das heißt, auch der Admiral war am 28. Mai wohlauf und starb dann nur wenige Tage später – am 11. Juni! Eine Bleivergiftung war deshalb sicher nicht die Ursache. War Franklin verzweifelt? Hatte er bereits aufgegeben und seine Männer mit dieser Nachricht nach Norden geschickt? Zum Lancaster Sound? Weil nur dort mit einer Suchexpedition zu rechnen war? Haben die Männer auf dem Weg nach Norden umkehren müssen und die Nachricht zurückgebracht – oder bei Victory Point hinterlegt?

Elf Monate (!) später wurde auf demselben Zettel eine zweite Nachricht von den beiden Kapitänen F.R.M. Crozier und James Fitzjames geschrieben, die das Todesdatum von Sir John Franklin bestätigt und die endgültige Aufgabe der beiden Schiffe meldet.

»25. April 1848. HMS *Terror* und *Erebus* wurden am 22. April 15 Meilen von hier aufgegeben, nachdem sie seit dem 12. September 1846 eingeschlossen waren. Offiziere und Mannschaften, bestehend aus 105 Seelen, unter dem Befehl von F.R.M. Crozier, landeten hier auf Lat. 69° 37'42"N., long. 98° 41' W. Sir John Franklin starb am 11. Juni 1847. Der gesamte Verlust an Toten dieser Expedition war bis heute 9 Offiziere und 15 Mann. *F.R.M. Crozier*, Kapitän und Seniorofficer. *James Fitzjames*, Kapitän HMS *Erebus*. Und brechen morgen, am 26., zum Back's Fish River auf.«

Was war während der langen Zeit zwischen diesen beiden Meldungen geschehen? War der Zettel so lange an Bord, vielleicht im Logbuch von Crozier? Oder hat er ihn nach dem Verlassen der Schiffe im Steinhaufen bei Point Victory wieder aufgesucht und ergänzt?

Dieser traurige Zettel hat den Untergang der Franklin-Expedition bestätigt und den Suchexpeditionen den weiteren Weg des Fußmarsches gewiesen – allerdings elf Jahre zu spät. Man fand nur noch Tote und Reste der Ausrüstung. Inuit bestätigten den Suchmannschaften immer wieder, daß man Leichen gefunden und auch überlebende Weiße gesehen habe. Die im Eis festliegenden Schiffe *Terror* und *Erebus* wurden schließlich von den Inuit ausgeplündert, bevor sie sanken. Das war natürlich und damals üblich. Im Jahr 1925 hat Knud Rasmussen auf King William Island noch Gebeine gefunden und beigesetzt. Schließlich erinnerte sich eine Inuitfrau an den – vielleicht letzten – Überlebenden am Back River:
»Er saß am Strand, war groß und stark, und hatte den Kopf auf die Hände gestützt. Als er den Kopf erhob und mit mir sprechen wollte, fiel er tot auf die Erde.«

War das Kapitän Francis R.M. Crozier – eventuell mit dem Logbuch im Rucksack?

John Franklin hat nicht auf seinen erfahrenen Freund John Ross hören wollen. Dennoch hat Ross dem Admiral noch einen letzten Liebesdienst erwiesen, obwohl dieser längst die Augen geschlossen hatte. Im Januar 1850 fuhr der Kapitän und Arktisforscher mit den beiden Schiffen *Felix* und *Mary* erneut in den Lancaster Sound, um Franklin zu suchen. Sir John Ross war bei diesem Kommando bereits 74 Jahre alt!

Nein, die Nordwest-Passage führte nicht zu den goldenen Pflastersteinen von Cathay. Sir John Franklin hat die Nordwest-Passage auch nicht entdeckt, vielleicht glaubte er trotzdem an seinen Erfolg. Franklins Biograph Traill vermutet das. Er glaubt, daß Leutnant Gore nicht nach Norden aufgebrochen ist, sondern King William Island bis hinunter zur Simpson Strait erkundet hat und dem Admiral noch vor seinem Tod vom offenen Wasser im Süden berichten konnte. Das mußte der Anschluß nach Westen sein. Traill schreibt:
»Wir haben Grund, als sicher anzunehmen, daß Franklins Todesstunde durch diese gute Nachricht erhellt wurde und daß er in dem glücklichen Gefühl starb, die Mühen und Leiden seiner Expedition und seines Lebens seien nicht vergeblich gewesen.«
Also doch ein Held? Oder wollten das Traill und seine Leser nur so sehen!?

Auf King William Island befindet sich heute der Northwest Passage Historic Park. Auf gut drei Kilometern Länge führt ein Weg zu sechs wichtigen Plätzen der Entdeckerzeit. Erreichen läßt sich dieser Park von Gjoa Haven aus, und Gjoa Haven verfügt über einen Flugplatz und ein Hotel.

Kapitän Robert McClure fand während seiner Suchexpedition nach Franklin in den Jahren 1850 – 1852 das letzte noch unbekannte Zwischenstück der Nordwest-Passage. Er hatte die Suche nach dem Admiral längst aufgegeben und forschte weiter nach der Passage. Zwischen Banks Island und Victoria Island steuerte er seine *Investigator* in einen engen Fjord, der heute Prince of Wales Strait heißt. Die beiden Küsten vor dem Bug des Schiffes rückten mit jedem Tag näher aneinander. Der Winter stand vor der Tür, aber noch schob ein guter Südwestwind das Schiff weiter nach

Eis ist das dominierende Element der Arktis. Innerhalb des Polarkreises schwimmen etwa 14 Millionen Quadratkilometer Treibeis. Hier ist das Eis bereits aufgebrochen und Schiffsbewegungen sind möglich, solange Wind die Treibeisfelder nicht verdichtet. In solchen Fällen sind Schiffe auf Eisbrecherunterstützung angewiesen.

Das Polarmeer ist noch zugefroren, einzelne Risse zeigen, daß es Frühling wird (Juni) und das Eis langsam aufbricht. Im unteren rechten Bildteil ist ein festgefrorener Eisberg zu erkennen. Für die Schiffahrt ist es noch vier Wochen zu früh.

Pfannkucheneis schwimmt auf dem Polarmeer, Schiffe können sich langsam und vorsichtig in dem Eisbrei bewegen. Wind kann solches Pfannkucheneis aber so verdichten, daß ein Durchkommen problematisch wird. Die grüne Färbung zeigt die Ausdehnung der kleinen Schollen unter Wasser.

Fahrtrinne im Packeis. Eisbrecher haben eine Rinne durch den noch festen Eismantel gebrochen. Strömungen und Wind können solche Fahrtrouten leicht mit Eis verstopfen und wieder unpassierbar machen. In der Nordwest-Passage muß mit allen Formen der Vereisung gerechnet werden. Eine Durchfahrt ist nur Ende August/Anfang September möglich.

7
Amundsen's Maud
"You are made for ice. You shall spend your best years in the ice and you shall do your work in the ice". Roald Amundsen christening the Maud.
Launched on June 7, 1917 the Maud was built for Roald Amundsen, to become an ice-locked research ship drifting in the polar ice pack. The ship was to serve Amundsen on two voyages (1918-21) (1922-25) crossing both the Northeast Passage and much of the Northwest Passage.
In 1926 the ship was purchased by the Hudson Bay Co. and used as a supply vessel and, until she sank in 1930, as a floating warehouse and wireless station in Cambridge Bay.
HANAYAOHIMAYOTIT HIKOLIKOTIGHAOPLOTIT. OKIOTIT ATOTIAKNIAKTATIT HIKOMI OVALO HIKOLIKILOTIT PIVANGNIAKTOTIT. RONALD AMUNDSEN OKAOTIYAA OMIAK ATIKAKTOK MAUD-MIK.
EMMITAOHIMAYOK JUNE 7-MI 1917-GOTILOGO TALVALO MAUD HANAYAO-HIMAYOK RONALD AMUNDSEN ATOKTAGHAA HIKOHIOTIGILOGO KANOK NAONAIYAOTIGINAHOAKTAGHAA NALVAAGHIOTIGILOGO HIKOKAKNIKMI. AMUNDSEN OMIAK ATOKGAHOAKTAA MALGOIKLONI HIVITOYONGNIK OMIAK- TOOTIGILOGO IMAA (1918-MIT 1921-MOT) OVALO 1922-MIT 1925-MOT AOLAYAAGOTIGILOGO TONONGAGOT EKIGAHAKTIGOT EGILGAYAAGHAKHIOK-LONI PINIAKTOK
1926-GOKTILOGO TAMNA OMIAK NIOVIKTAOGAMI KAPANINIT AKYAKTAO- TAOLIKTOK TAMAYANIK OKETIGHANIKLO NUNAKAKTONIT. 1930-GOKTILOGO OMIAK KIVINGMAT OVALO HIKLOAGOLIKHONI PIYAOHIMAYOK EKALUKTUTIAMI.
parks
NORTHWEST TERRITORIES

In Cambridge Bay liegt das Wrack der *Maud,* mit der Amundsen nach seiner Nordwest-Passage-Expedition die Nordost-Passage durchfahren hat (links).

Diese Inuit-Frau wurde geboren, als Roald Amundsen die Nordwest-Passage durchfuhr.

Moschusochsen leben in der grönländischen und in der kanadischen Arktis. Sie sind neben dem Karibu die größten pflanzenfressenden Säuger in der nördlichen Tundra. In der Regel sind die Tiere scheu; unterschreitet man aber ihre Fluchtdistanz, dann können sie zu gefährlichen Angreifern werden. Auf unserer Reise durch die Nordwest-Passage sahen wir in der Tundra mehrfach noch große Herden dieser Urtiere.

Tundra an der Nordwest-Passage – das ist karges Grasland bis zum Horizont. Wir fanden zahlreiche abgeworfene Stangen von Rentieren und immer wieder tote Moschusochsen. Die Tierherden selbst erlebten wir verhältnismäßig scheu – ein Zeichen, daß Inuit hier oben noch aktiv jagen.

Die Tundra lebt im Detail. Gras und Gestrüpp versorgen Rentiere und Moschusochsen. Das Auge klammert sich an intensive Farbtupfer, die an den Felsen kleben. Wir fanden Flechten und Pilze in leuchtend roten und gelben Farben, in Schwarz und Grau. Während wir im Eis die grandiose große Landschaft als Ganzes bestaunten, wird hier in der Tundra das oft…

…winzige Detail zum wesentlichen Element. Die oft zitierte Aussage, die Landschaft der Nordwest-Passage sei langweilig, grau und farblos, halte ich für falsch. Das Gegenteil ist der Fall – wenn man sehen gelernt hat!

Nebel liegt über der alten Walstation Herschel Island. Hier hat Roald Amundsen seinen dritten Winter in der Passage verbracht, hier hat er seine Expedition bereits als erfolgreich betrachtet und die Passage als »bezwungen« angesehen. Herschel Island ist heute Nationalpark mit vielen Erinnerungen an die große Zeit der arktischen Walfänger.

Point Barrow, der nördlichste Punkt von Alaska, ist erreicht. Von hier aus steuern wir in das salzige Wasser des Pazifischen Ozeans. Die Nordwest-Passage ist damit erfolgreich durchfahren. An Bord der *Hanseatic* wird gesungen und gefeiert. Glückwunschtelegramme aus aller Welt treffen ein.

Am nördlichsten Ende der Vereinigten Staaten stehen Radarsysteme und erinnern an den Kalten Krieg. Einziger Farbfleck in der regengrauen Umgebung ist dieser einsame Totempfahl, ein Geschenk der Inside-Passage-Indianer an ihre Inuit-Freunde am Ende der Welt.

Die *Hanseatic* ankert vor Little Diomed zwischen Alaska und Sibirien. Auf dieser ausgesetzten Insel leben etwa 150 Inuit von der Jagd und vom Fang. Mir scheint der Ort wirklich das Ende der Welt zu sein! Genau hier lag Beringia, die legendäre Landbrücke zwischen Asien und Amerika. Über diese Brücke zogen die Völker Zentralasiens vor Tausenden von Jahren nach Amerika und dann weiter über Kanada bis nach Grönland; die Vorfahren der heutigen Eskimo – die sich selbst Inuit nennen: Menschen.

Dutch Harbor auf den Aleuten ist erreicht, das Ende einer langen Reise, die in Kangerlussuaq begann. Hier gibt es wieder grüne Hügel – und Fisch, reichlich Fisch. Seit Grönland sahen wir keine so große Fischereiflotte wie hier im geschäftigen Hafen, der voller Leben und Farbe ist.

BERING SEA

Nordost, Meile für Meile dem Melville Sound entgegen. Es waren schließlich nur noch 30 Seemeilen bis zum Sound, der ja schon von Parry 1819 erkundet war. Jetzt schloß das schwere Packeis des Melville Soundes die Durchfahrt, die Prince of Wales Strait. Sollte sich McClure zurückziehen und so kurz vor dem seit Hunderten von Jahren gesuchten Ziel aufgeben? Oder konnte er mitten im Packeis überwintern?

McClure entschloß sich, daß letzte Geheimnis der Nordwest-Passage auf dem Landweg zu enträtseln. Am 23. Oktober 1850 trat er mit sieben Männern eine Schlittenreise zum Melville Sound an. Die Expedition erreichte die Küste im Norden und erkannte dort eine Anhöhe. McClure erklomm diesen Punkt zusammen mit seinem Maat Court und sah, daß sich die Küste von Banks Island von hier aus weit nach Westen zog, die von Victoria Island aber nach Südosten. Vor den Männern lag bis zum fernen Horizont das Eis des Melville Sounds.

Die Nordwest-Passage war endlich, endlich entdeckt!

»Mit gehobenem Gefühl, voll Freude und Dankbarkeit kehrten wir nach Stunden zu unseren Gefährten am Fuß der Anhöhe zurück. Sie begrüßten uns mit einem dreifachen Hurra. Zur Feier des großen Tages wurde aus Zwergweidenholz ein Feuer angezündet, und ich bewilligte jedem einen Becher steifen Grogs.«

Im Juli 1851 geriet das Eis der Prince of Wales Strait wieder in Bewegung, und McClure hoffte, er werde jetzt die Durchfahrt schaffen. Daraus wurde aber nichts, und der Kapitän beschloß, durch die Prince of Wales Strait zurückzufahren und Banks Island im Westen zu umsegeln. Er erreichte im Norden von Banks Island unter großen Schwierigkeiten die Mercy Bay – und die wurde zum endgültigen Eisgefängnis für sein Schiff *Investigator*.

Kapitän Robert McClure hatte mit der westlichen Umfahrung von Banks Island sogar eine zweite Möglichkeit der Nordwest-Passage entdeckt. Bis zum Frühjahr 1853 blieb McClure Gefangener des Eises.

Zur gleichen Zeit suchte das Belchergeschwader im Parry Channel – das ist der Überbegriff für Lancaster Sound, Barrow Strait und Viscount Melville Sound – mit sechs Schiffen vergeblich nach Franklin. Eine Schlittengruppe erreichte durch einen Zufall die Mercy Bay und rettete McClure und seine Männer. Im Herbst 1854 traf McClure mit seiner Mannschaft in England ein und kassierte die Belohnung von 10 000 Pfund, die seit 1818 auf den Entdecker der Nordwest-Passage wartete.

Die Passage war entdeckt, aber die Frage, ob sie auch schiffbar sei, blieb weiter ungeklärt. Mit dieser Frage hat sich McClintock auseinandergesetzt. In seinem Bericht über die Suchexpedition mit der *Fox* schreibt er:
»Was die Schiffbarkeit der Nordwest-Passage angeht, so schließe ich aus meinen Beobachtungen und aus den Berichten von Simpson, McClure und Collingson, daß die Aussichten, den Pazifik von der Barrow Strait aus über den Peel Sound und Cape Herschel an der Südwestspitze von King Williams Land zu erreichen, auf der Ostseite dieser Insel, in der James Ross und Simpson Strait, am besten sind.« Mit dieser Aussage hatte McClintock die Route für Roald Amundsen bereits exakt vorgegeben.

Roald Amundsen hat dann den Beweis angetreten, daß es möglich ist. Nach zwei Überwinterungen in Gjoa Haven und einer weiteren Überwinterung auf Herschel-Island hat er die Nordwest-Passage als erster Kapitän in ihrer gesamten Länge durchfahren. Es war die kleinste und bescheidenste Expedition, die bis dahin in die Passage aufgebrochen ist.

Warmes Abendlicht liegt über der Victoria Strait. Die *Sir John Franklin* leuchtet unter den letzten Strahlen der bereits tiefliegenden Sonne auf. Dann wird sie vom Nebel verschluckt, aus dem sie plötzlich wie ein Schatten wieder auftaucht. Die Temperatur ist heute auf neun Grad gestiegen, der Wind hat sich nicht geändert.

Wir fahren durch ein Paradies und wissen doch, dieses Bild kann sich blitzschnell ändern. Vom Paradies aus Licht und Farbe und Leben zur Hölle aus Eis und Sturm und Tod. Das Eis tritt zurück, kurz vor Mitternacht verabschieden wir den Eisbrecher *Sir John Franklin*.

Go West

Hanseatic, 28. August

Der Wind hat ein wenig aufgefrischt, mit Stärke drei weht er aus Südsüdost, die Lufttemperatur beträgt 7 Grad. Der Himmel ist heute genauso leer geputzt wie der Queen Maud Gulf. Das Eis liegt hinter uns. Haben wir die Nordwest-Passage schon geschafft?

Ich frage den Kapitän:
»Nein, geschafft noch nicht, ich rechne noch einmal bei Point Barrow mit dichtem Packeis. Das kann uns noch arge Schwierigkeiten machen, da saß ja auch die *Frontier Spirit* 1991 fest und mußte sogar aufgeben. Aber die größten Probleme scheinen hinter uns zu liegen.«

Unser weißrotes Schiff steuert Cambridge Bay, das alte Ikaluktutiak, an der Südküste von Victoria Island an. Cambridge Bay ist mit 1100 Einwohnern etwas kleiner als Resolute. Ein buntes Bild: richtige Hafenanlagen, große Öltanks, Lagerhäuser und daneben eine bunte Siedlung. Es gibt auch einen Flugplatz. Cambridge Bay ist ein recht geschützter Hafen, spielt aber in der dramatischen Geschichte der Nordwest-Passage nur eine Nebenrolle. 1850 legte hier die *Enterprise* mit Kapitän Collins an – natürlich war er auf der Suche nach Franklin. Die hier lebenden Eskimo hatten weder Schiffe noch Männer gesehen, Collins segelte weiter nach Westen. Auch Roald Amundsen war hier, 1905 mit der *Gjöa*. Aber nach zwei langen Wintern in der Passage zog es ihn rasch weiter nach Westen.

An Roald Amundsen erinnert auch das Wrack der *Maud*, das in Cambridge Bay liegt. Die Geschichte der *Maud* ist eine eher unbekannte Episode im Leben des großen norwegischen Polarforschers, weil sie nicht zu einem spektakulären Erfolg führte, den die Öffentlichkeit von Roald Amundsen gewohnt war. Schon während seiner Rückkehr vom Südpol (1914) beschäftigte sich Amundsen mit einem neuen Expeditionsplan; er wollte mit der altehrwürdigen *Fram* zum Nordpol fahren. Der Ausbruch des Ersten Weltkrieges zerstörte Amundsens Pläne zunächst, gestattete ihm aber, ein kleines Vermögen anzusparen.
Die *Fram* war zu alt, und ihr Holz zeigte bereits Zeichen des Verfalls. Deshalb entwarf Roald Amundsen für seine Nordpolexpedition ein ganz neues Schiff; hundertzwanzig Fuß lang und vierzig Fuß breit und mit einem Schiffsrumpf, der einem der Länge nach durchgeschnittenen Ei glich. Der Schiffskörper sollte unter Wasser durchwegs rund sein und dem Eis keine Kanten und Flächen anbieten. Nur so konnte Eis das Schiff aus dem Wasser pressen, ohne es zu zerdrücken.
Nach einer Überwinterung am Kap Serdze Kamen in Sibirien schrieb Amundsen über sein Schiff:
»Das Zusammenziehen des Küsteneises hob uns sanft ans Ufer, und das Auftauen ließ uns später wieder hinabgleiten – ohne Schaden für die vorzüglich gebaute *Maud*.«

Im Juni 1917 lief Amundsens neues Schiff vom Stapel und wurde zu Ehren seiner Königin *Maud* getauft. Ein Jahr später, der Weltkrieg tobte immer noch, lief Amundsen mit der *Maud* in Tromsö aus und fuhr in die Nordost-Passage, um von der Beringsee zum Nordpol vorzustoßen.
Am 9. September passierte die *Maud* den nördlichsten Punkt Asiens, das Kap Tscheljuskin, und am 13. September wurde das Eis unpassierbar, so daß Amundsen einen geeigneten Winterhafen suchen mußte.
Genau ein Jahr später, am 12. September 1919, sprengte sich die Crew der *Maud* eine Fahrrinne aus dem Winterhafen zum offenen Wasser durch das hartnäckige Eis. Die Weiterfahrt in dieser Saison dauerte nur 11 Tage. Am 23. September mußte Amundsen an der Aijon-Insel seine zweite Überwinterung mit der *Maud* vorbereiten. Im darauffolgenden Sommer brach das Eis bereits im Juli auf, und Amundsen fuhr ohne weitere Zwischenfälle und Schwierigkeiten durch den letzten Teil der Nordost-Passage bis nach Nome weiter. Dort wurde die *Maud* überholt.
Den Nordpol erreichte Roald Amundsen mit seiner *Maud* nie, aber durch diese Expedition wurde er zum zweiten Bezwinger der Nordost-Passage (sie wurde zum ersten Mal von Adolf Erik Nordenskiöld in den Jahren 1878 und 1879 befahren) und zum ersten Umsegler des Nordpols durch beide Passagen. Diese Leistung hat Arved Fuchs mit seiner *Icesail*-Expedition in unseren Tagen wiederholt.

Nach seiner Ankunft in Amerika geriet Roald Amundsen unverschuldet in große Geldschwierigkeiten und mußte das Unternehmen *Maud* abbrechen. Das Schiff wurde an die Hudson's Bay Company verkauft. Hier in Cambridge Bay sank die *Maud* und erinnert bis heute als Wrack an die große Zeit und an einen großen Mann der Polarforschung.
Während der Reise mit der *Maud* hatte Roald Amundsen erkannt, daß die Zukunft der Polarforschung nicht in Schiffs-, sondern in Flugexpeditionen liegen wird. Die verkaufte *Maud* war schnell vergessen, in den Gedanken des norwegischen Entdekkers reiften bereits Pläne für seine zukünftigen Flugabenteuer im nördlichen Polarmeer. Selbst wenn wir hier in Cambridge Bay nur noch Reste der *Maud* im Wasser sehen, ist ihr Anblick doch ein großer Augenblick für jeden Freund der Polarforschung. Das Wrack erzählt Geschichten und Geschichte – und die Nordwest-Passage ist der würdige Rahmen für die übriggebliebenen Holzplanken.

Nordwest-Passage – das sind doch Segelschiffe im Eis, Männer vor schweren Schlitten, Stürme und Polarnacht? Nein, Cambridge Bay ist auch Nordwest-Passage, und das sind heute startende und landende Flugzeuge, Satellitenschüsseln vor bunten Holzhäusern und Inuit auf knatternden Three- und Fourewheelern.

Neben der Ortschaft steht noch die riesige Radarstation der »Dew Line«, dem Frühwarnsystem der Kanadier und Amerikaner aus dem Kalten Krieg. Natürlich gibt es auch einen Supermarkt und ein neues Informationszentrum für Touristen!
Bis zum Abend hält das strahlende Wetter an.

Hanseatic, 29. August

Die Temperatur ist auf vier Grad gefallen, der Wind weht leicht mit Stärke zwei aus Nordwest.

Wir laufen mit der *Hanseatic* Ross Point mitten in der Tundra an und wandern in die Unendlichkeit hinein. Flechten und Moose, spärliches Gestrüpp und wenig Gras. Aber Gehen tut unseren Beinen nach all den Seetagen gut. Der Tag ist grau – und plötzlich ist da Bewegung vor uns. Schatten nur – wie dunkle prähistorische Formen, die aus dem Nebel heraus Gestalt annehmen. Eine Herde Moschusochsen grast über uns an den Hängen, demonstriert Schöpfungsgeschichte. Unser Kapitän, natürlich bewaffnet, ist schon weit voraus, pirscht von Stein zu Stein und betrachtet die zottigen Tiere der Urzeit aus unmittelbarer Nähe. Die Arktis lebt – aber zum Leben gehört auch der Tod. Überall liegen Rentierstangen herum und Moschusochsenschädel.

Hier gibt es keine Sensation, nichts Spektakuläres. Der Mensch findet zum Detail zurück. Das kann eine kleine zitternde Blüte sein, eine winziger Tautropfen im Moos oder eine abgeworfene und von Lemmingen angefressene Rentierstange. Wir haben inzwischen die weiten Hänge erklommen und hören tief unten am Strand eines unserer Zodiacs herumbrummen. Das schreckt eine Rentierherde auf, treibt sie zur Flucht. Die Tiere verschwinden langsam hinter den Hügeln, die Tundra scheint wieder leer zu sein.

Hanseatic, 30. August

Wir besuchen die Ortschaft Holman im Amundsen Gulf im Westen von Victoria Island. Der Ort ist für seine Eskimokunst bekannt. Hier wird gemalt, gedruckt und geschnitzt. Durch das Übereinanderlegen verschiedener Schablonen, die mit unterschiedlichen Farben versehen werden, entstehen wunderschöne Bilder mit Motiven aus der Inuitkultur. Die Bilder werden hier produziert und in Yellowknife und anderen Städten weiter im Süden verkauft. Hier in Holman sind die Menschen kreativ – und in ihren Gesichtern erkenne ich freundliches Lachen.
Eine junge Frau spricht Renate in gut verständlichem Englisch an. Sie möchte uns durch »ihre Stadt« führen, zu den Künstlern und auch zur Schule. Sie ist stolz auf alle neuen Errungenschaften und erzählt:
»Ich wurde 1945 geboren, in einer Zeit, da wir noch ein freies Volk waren, eben Inuit – Menschen. Nur die Indianer im Süden nannten uns Eskimo. Wir mögen dieses Wort nicht. Es heißt ganz einfach Rohfleischesser. Wir lebten damals in kleinen Gemeinschaften von drei oder vier Familien, und unsere Väter fanden auf der Jagd ausreichend Nahrung, an Land und im Meer.

Aber dann schickten uns fremde Menschen hierher und sagten, wir Kinder müßten eine Schule besuchen. Ich war erst 11 Jahre alt. Die Schule, das war eine aufregende Zeit. Nie vorher hatte ich mit so vielen Kindern in einem Klassenraum gesessen. Die Lehrerin sprach mit uns englisch, aber das verstanden wir nicht, und Inuktitut – so heißt unsere Sprache – durften wir nicht sprechen. Deshalb blieben wir in der Schule ganz still.«

Wir bummeln langsam durch den kleinen Ort, durch ungemütlichen Regen. Unsere fremde Begleiterin fährt fort:
»Mit meiner Schulzeit hat die Abhängigkeit von der Regierung begonnen. Wir kennen diese Regierung gar nicht. Hier in Holman lebten plötzlich so viele Menschen zusammen. Es war schwer, sich zu merken, wer wer war und zu welcher Familie jeder gehörte. Ich erinnere mich, daß einige Menschen sehr arm wurden. Sie hatten nicht genug zu essen oder keine Heizung. Mit so vielen Menschen in einem Ort zu leben, erzeugt Armut. Als unsere Familien vorher in kleinen Gemeinschaften zusammenlebten, konnten sie leichter teilen und sich gegenseitig helfen.

Dann kam ein Fürsorgeprogramm. Die Ärmsten unter uns wurden von der Regierung unterstützt, und so ist das bis heute geblieben. Unser Leben hat sich verändert, wir sind von der Regierung abhängig. Sie bestimmt, was wir zu tun haben. Aber dafür hungern wir auch nicht. Wie wird es unseren Kindern ergehen, werden sie weiter abhängig sein und nur das tun, was die Regierung ihnen sagt und vorschreibt? Wir wollen gar nicht viel, aber wir möchten, daß uns weiße Menschen ab und zu zuhören, wenn wir sprechen. Deshalb war es schön, daß ihr mir zugehört habt.«

Hanseatic, 31. August

Heute tobt der Wind mit Stärke 8 und verhindert eine Anlandung in Sachs Harbour im Südwesten von Banks Island. Werner ruft mich an und fragt, ob ich einen Diavortrag einschieben könne. Ich versuche es – bei Windstärke 8 ist das weder für den Referenten noch für die Passagiere reines Vergnügen. Aber unten in der Darwin Hall ist der ruhigste Punkt auf unserem Schiff.

Der Wind bläst aus Süden, das ist im Moment zwar unangenehm, aber unserer Passage tut das gut. Bläst der Sturm doch alles Eis aus unserm Weg weit hinauf nach Norden. Wir sind bereits in der Beaufortsee, von der hat John Franklin immer geträumt.

Der Tag bleibt grau, naßkalt und stürmisch. Am Abend zeige ich in der Darwin Hall Knud Rasmussens Inuitklassiker »Palos Brautfahrt«. Diesen Film drehte der große Eskimofreund kurz vor seinem Tode an der Ostküste Grönlands und dokumentierte so ein großartiges Stück Inuitkultur.

Hanseatic, 1. September

Der Wind weht mit Stärke zwei bis drei aus Ost, das Thermometer ist auf 10 Grad geklettert. Der Himmel ist grau und das farblose Wasser eisfrei. Wir liegen in der Mackenzie Bay vor Tuktoyaktuk und warten auf den Hubschrauber, der den Lotsen für Alaska bringen soll und die Beamten zur Ausklarierung Kanadas.

Hanseatic, 2. September

Die kanadischen Behörden haben uns die Erlaubnis erteilt, nach Herschel Island, einer alten Walfängerstation, weiterzufahren. Da liegen wir vor Herschel Island und sehen nichts. Dichter Nebel, so daß unser Scoutboot nur mit Mühe zum Schiff zurückfindet. Plötzlich sehen wir ganz schemenhaft das nahe Ufer. Im Zodiac-Konvoi fahren wir in die Walstation. Dabei erweist sich Randolph Hess in dieser undurchsichtigen »Suppe« als großartiger Zodiac-Kapitän mit einem wahren Instinkt für die richtige Richtung. Der Nebel bleibt so dicht, daß wir von den alten Schuppen und Häusern, in denen einige Ranger stationiert sind, die *Hanseatic* nicht sehen können.

Der Nebel liegt wie ein Gespenst über der Station, über einer halbverfallenen Kirche, Lagerhäusern, Ruderbooten und Gräbern. Und dann ist da Holz! Überall liegt Holz herum, ganze Baumstämme, die aus den kanadischen Wäldern hierher gespült wurden.

Als Franklin im Jahre 1826 während seiner Überlandexpedition zur Erkundung der Küste diese Insel in einem Boot passierte, entdeckte er den herrlichen Hafen auf der Ostseite der Insel nicht. Er glaubte deshalb, der enge Sund von der Insel bis zum Mackenzie sei der einzige Zufluchtsort für ein Schiff. Franklin ahnte damals nicht, welch große Bedeutung die Insel Herschel als Hafen für Walfänger bekommen sollte.

Der Hafen bietet vor allen Winden guten Schutz. Nur der Südwest kann direkt hereinblasen, aber der ist hier selten. Einmal hat er allerdings kleinere Schiffe aus dem Hafen einfach an den Strand geworfen.

Auf Herschel Island treffen wir wieder auf Amundsens Spuren. Er hat hier seinen dritten Winter in der Nordwest-Passage verbracht und die Eskimo und Walfänger ausführlich beschrieben.

Für Roald Amundsen war die Nordwest-Passage auf Herschel Island bereits erfolgreich durchfahren, obwohl er noch nicht in Point Barrow angekommen war. Während seiner Überwinterung zog er mit zwei Schlitten und 12 Hunden »mal eben« fünfhundert Meilen weit und dabei über 3000 Meter hohe Berge zur nächsten Telegrafenstation, um seinen »Sieg über die Nordwest-Passage« in die Welt zu kabeln. Es ist einfach erstaunlich, wie Roald Amundsen schwerste Expeditionsreisen über Land wie »ganz normale Schulausflüge« gemeistert und überlebt hat. Er war eben doch besser vorbereitet und trainiert als ein Sir John Franklin und aus einem Holz geschnitzt, das für Polarexpeditionen ideal ist.

An Bord der *Gjöa* hatte Amundsen den kleinen Eskimojungen Manni. Er wollte ihn nach Norwegen mitnehmen und dort auf eine Schule schicken. Durch Godfred Hansen hatte Manni bereits angefangen, Lesen und Schreiben zu lernen. 1906 ertrank Manni hier vor Herschel Island bei einem Unfall – Manni war auf der Entenjagd und fiel aus dem Boot einfach ins Wasser – unmittelbar vor dem Auslaufen der *Gjöa*.

Unser Schiff darf seine Fahrt nach Alaska nicht ohne amerikanischen Lotsen und ohne kanadische Zollformalitäten fortsetzen. Die Zollbeamten und der Lotse sitzen in Tuktoyaktuk und warten ebenfalls im Nebel auf eine Wetterbesserung für ihren Helikopterstart.
An Bord der *Hanseatic* ist alles für eine Helikopterlandung vorbereitet. Auf dem Zodiac-Deck wurde eine richtige Plattform gebaut, und sogar die Feuerwehr steht »Gewehr bei Fuß« wie auf einem richtigen Heliport. Plötzlich brummt es irgendwo über uns. Aus dem dichten Nebel fällt der langersehnte Helikopter und landet neben der Walfängerstation im nassen Gras. Unsere Zodiacs bringen den Lotsen an Bord, die *Hanseatic* erhält die Freigabe.

Point Barrow – wir haben Glück gehabt

Kapitän von Harling startet zur letzten Etappe der Nordwest-Passage. Der Weg ist frei, starker Südwind hat alles Eis nach Norden getrieben. Selbst dort, wo die *Frontier Spirit* 1991 umkehren mußte, liegt freies Wasser vor unserem Bug.

Hanseatic, 4. September

»Ah for just one time I would take the Nordwest-Passage …«
Das alte Lied klingt durch das weißrote Schiff. Wir haben es geschafft!
Nein, Kapitän und Mannschaften haben es geschafft! Und wir alle haben viel Glück gehabt!
Früh am Morgen umfahren wir Point Barrow, die nördlichste Spitze von Alaska.

»Lieber Kapitän von Harling,
im Namen der Geschäftsleitung von Hanseatic Tours und Hanseatic Cruises danken wir Ihnen und Ihrer Besatzung für die erfolgreich durchgeführte Reise durch die legendäre Nordwest-Passage. Ihnen allen gilt unsere höchste Anerkennung für den in den letzten beiden Wochen geleisteten Einsatz. Nach unseren Informationen ist die *Hanseatic* das 56. Schiff inclusive der *Gjöa* von Roald Amundsen, das dieses Ziel erreicht hat. Gleichzeitig beglückwünschen wir unsere Passagiere zu diesem ungewöhnlichen Erlebnis, das bisher nur einem ganz kleinen Kreis vergönnt war.
Wir möchten unserer großen Freude dadurch Ausdruck verleihen, daß wir die Passagiere im Rahmen der heutigen Cocktailstunde zu Champagner einladen. Unseren Dank an die ganze Besatzung bitten wir Sie, in Form einer Crewparty zum Ausdruck zu bringen.

Mit den besten Wünschen für eine gute und interessante Reise

Dirk Moldenhauer Peter Richters

Hamburg, 4. September 1994«

Bei so einem Fax kommt Freude auf.

»Westward from the Davis Strait
'tis was there 'was said to lie
the sea route to the Orient
for which so many died
seeking gold and glory
leaving weathered broken bones
and a long forgotten lonely cairn of stones«

»Michael Tröger, Sie sind Chiefingenieur an Bord der *Hanseatic*. Sie haben es mitgeschafft, wir sind durch, hat es Gefahrenmomente gegeben?«

»Ich stehe nicht allein in der Maschine, ich habe ein Team und wir alle haben rund um die Uhr gearbeitet.
Gefahren gibt es immer bei unvorsichtigem Zurücksetzen, da hätten wir uns eine Schraube leicht beschädigen können und das kann nur in einer Werft repariert werden. In so einem Fall hätten wir abgeschleppt werden müssen. Probleme hätte es aber auch durch starken Eisdruck geben können. Der Eisschub kann das ganze Schiff an die Küste drücken. In so einem Fall hätten wir rechtzeitig Eisbrecherunterstützung angefordert.«
»Haben Sie für diese Fahrt besondere Vorkehrungen treffen müssen?«
»Besondere Vorkehrungen? Wir haben vollgebunkert, der Chiefingenieur hat auf seinen Urlaub verzichtet, damit die Besatzung komplett war.«

»Christine, warum hast du dich für die Nordwest-Passage als Lektor gemeldet?«
»Mich hat die lebendige Begegnung mit der Geschichte interessiert. Die Fahrt im Kielwasser von Roald Amundsen auf einem Seeweg, der zu denjenigen gehört, die bis heute am wenigsten befahren sind. Das war für mich entscheidend.«
»Wo lagen für dich die Höhepunkte?«
»Auf Beechey Island, vor der Bellot Strait und schließlich im Eis, mit Geleit der Sir John Franklin.«
»Was bedeutet für dich die Nordwest-Passage?«
»Einen Seeweg, dessen Erkundung wesentliche Schritte in der Erforschung der Arktis eingeleitet hat.«
»Hast du fest an unser Durchkommen geglaubt?«
»Ja.«
»Was hättest du empfunden, wenn wir aufgegeben hätten und umgekehrt wären?«
»In der Arktis muß man mit der Natur leben. Ein Aufgeben der *Hanseatic* hätte für mich bedeutet, sich der Natur beugen zu müssen.«

»Herr Kapitän von Harling, wir sind in Point Barrow, und Renate und ich möchten Ihnen ganz herzlich zu dem großen Erfolg der Nordwest-Passage gratulieren. Was fühlen Sie heute, nach dem Erfolg, nach der Passage?«
»Alles von Erleichterung bis Freude und Erfolgsgefühl. Ich bin jetzt über 35 Jahre zur See gefahren und fühle Stolz und Dankbarkeit, daß ich diese Passage noch befahren durfte. Nur wenige Kapitäne kommen in dieses ungewöhnliche Seegebiet, für mich ist das ein Höhepunkt in meinem Leben als Mensch, als Kapitän, als Nautiker und auch als Betriebsleiter. Mein ganzes Leben ist ja eng mit dem Beruf verbunden, so wie das sonst nur in ganz wenigen Fällen möglich ist. Ich bin täglich 24 Stunden an Bord, trage 24 Stunden lang Verantwortung. Da kann man selbst im Urlaub nicht abschalten und denkt weiter an die Seefahrt.«
»Sie haben die Nordwest-Passage durchfahren. Haben Sie die Passage bezwungen?«
»Bezwungen habe ich sie nicht. Weil so eine Passage immer noch stärker ist als wir Menschen, in diesem Fall auch viel stärker als ich, der für die ganze Sache geradestehen mußte. Ich weiß auch, daß diese Passage sehr viel schwerer sein kann. Ich habe sie geschafft, aber nicht bezwungen, ich habe einfach viel Glück gehabt, ja.«
»Als Kapitän müssen sie von Hause aus Optimist sein. Gab es trotzdem Zweifel bzw. Bedenken über Ihren Erfolg?«
»Seit Mai war ich sehr optimistisch, denn da war ich in Ottawa und konnte die Meinung aller Experten für diesen Sommer hören. Als wir dann losfuhren und die Eis-

karten endlich vorlagen, sah ich, daß es nur drei kritische Gebiete voller Eis gab. Ich war überzeugt, wenn wir das erste Eisfeld erfolgreich durchfahren, dann würden wir auch die anderen schaffen. Das erschien mir nur eine Frage der Zeit zu sein.«

»Wo lagen diese drei Hauptgebiete?«

»Das waren der Peel Sound, Franklin Strait und Larsen Sound als ein Gebiet, dann der Amundsen Gulf und das dritte Gebiet lag vor Point Barrow.«

»Point Barrow ist aber völlig eisfrei.«

»Richtig, aber sehen Sie aus dem Fenster, da liegt das Eis, und in zwei Tagen wird es hier sein. Der Wind, der Südwind, hat uns sehr geholfen. Wir haben zwei Tage Vorsprung vor unserem Fahrplan. Der Wind dreht sich zur Zeit. In zwei Tagen ist hier sicher alles dicht.

Der Südwind hat uns auch im Amundsen Gulf geholfen und das Eis nach Norden gedrückt.«

»Gab es einen besonders kritischen Zeitpunkt oder eine kritische Position?«

»Der kritischste Punkt war nie ganz konkret. Wir hätten sogar ohne Eisbrecher weiterfahren können. Der kritische Punkt war jener Augenblick, als wir – Tom Irvine und ich – Eisbrecherunterstützung anforderten. Wir taten das, um die vorgegebene Zeit einhalten zu können. Ohne Eisbrecher hätte es eine Woche gedauert, um aus dem Larsen Sound rauszukommen.«

»Es hat also nie so ausgesehen, als wenn wir es nicht schaffen könnten, als wenn wir umkehren müßten?«

»Nein, wir saßen nie ernsthaft fest. Auch das ist ganz ungewöhnlich für die Nordwest-Passage. Es hat Stillstand gegeben, Rückwärtsfahrten, Drehmanöver und die Suche nach immer neuen Öffnungen. Aber wir waren nie wirklich eingeklemmt oder eingekesselt. Nein, das hat es nicht gegeben.«

»Wer hat die Route bestimmt und nach welchen Gesichtspunkten haben Sie unsere Route ausgesucht?«

»Wir folgten sehr genau der Route von Roald Amundsen. Seine *Gjöa*-Route haben wir kopiert und meinen auch, das ist die Idealroute durch die Nordwest-Passage. Dabei haben wir nur die Ross Strait und die Simpson Strait ausgelassen. Dafür sind wir auf der logischen Route gefahren, mit dem Eis und nicht gegen das Eis.«

»Haben wir einfach Glück gehabt oder war der Erfolg vorprogrammiert?«

»Wir haben sehr viel Glück gehabt. Da hat der Wind mitgespielt. Die Eisschmelze war sehr günstig. Der Sommer war genau so gut wie 1992. Auf dieser Reise ist Glück sehr, sehr wichtig! Das Schiff war ungewöhnlich groß für dieses Gebiet, das größte Passagierschiff bisher.«

»Ist die Nordwest-Passage eine echte Herausforderung für jeden Kapitän? Gibt es eine andere Route, die ähnlich spannend ist?«

»Also ich nehme an, für viele Kapitäne und Offiziere ist die Nordwest-Passage eine echte Herausforderung. Die Möglichkeit, an so einen Auftrag zu kommen, ist aber minimal klein, weil es sehr wenig Schiffe gibt, die das überhaupt machen können. Genau so schwer könnte die Nordost-Passage sein, die wir noch gar nicht angesprochen haben. Die wird bisher nur von russischen Eisbrechern befahren. Fast ebenso schwierig kann auch ein Teil der Antarktis sein. Die Antarktis verlangt auch sehr viel Aufmerksamkeit und Wetterglück. Aber sie ist nie so dicht mit Eis zu, zumindest nicht in den Gebieten, die wir befahren.«

»Sie haben die Nordost-Passage angesprochen. Haben Sie oder die Reederei über die Nordost-Passage ähnliche gute Informationen wie über die Nordwest-Passage?«

»Im Augenblick haben wir gar keine Informationen. Es gibt auch dort logische Routen, aber bisher haben wir uns damit noch nicht detailliert befaßt. Sicher gibt es bei der Nordost-Passage nicht den großen Marketingeffekt wie bei der Nordwest-Passage.«

»Warum scheiterten so viele Schiffe in dieser Passage und wir durchfuhren sie schnell und fast problemlos?«

»Wenn ich an Schiffe unserer Zeit denke, an Passagierschiffe auf Abenteuerkurs, dann haben die, wenn sie aufgeben mußten, einfach weniger Glück mit den Eisverhältnissen gehabt. Vielleicht waren auch die Vorbereitungen fehlerhaft gewesen, so daß sie keine Hilfe erwarten konnten. Vielleicht waren die Schiffe auch nicht gut genug ausgerüstet. Entscheidend ist aber immer wieder die Natur; wenn hier nichts aufbricht, dann ist eine Durchfahrt einfach unmöglich. Ohne Eisbrecher läuft dann gar nichts! Roald Amundsen sagte immer wieder, man muß ans Eis ran, man muß es fühlen, bevor man reinfährt. Und man darf nie aufgeben.«

»Hätten Sie sich mehr Anlandungen gewünscht? Und wo?«

»Hätten wir mehr Zeit gehabt, ich hätte sehr gerne noch mehr Anlandungen durchgeführt. Ganz spontane Anlandungen zum Beispiel an der Bellot Strait und natürlich in Gjoa Haven.«

»Haben Sie für künftige ähnliche Expeditionsreisen weitere Wünsche an Ihr Schiff, an Ihre Offiziere oder an die Reederei?«

»Ich glaube, alles hat gestimmt. Das sage ich, obwohl ich diese Reise noch gar nicht fertig verarbeitet habe. Über vieles muß ich erst noch nachdenken. Wir haben sehr tüchtige Leute dabei gehabt. Das betrifft die Operation und das technische Team, der Staff war in Ordnung, ebenso das Lektorenteam. Ich sehe zur Zeit noch keine großen Änderungswünsche für so eine Expedition. Ein Wunsch wäre natürlich, mehr Zeit zu haben.«

»Sie haben eben ein Glückwunschtelegramm von der *Bremen*, der ehemaligen *Frontier Spirit*, bekommen. In diesem Telegramm heißt es: Wir haben Ihre Reise täglich auf der Karte verfolgt. Frage: Woher hatte die *Bremen* täglich unsere Position?«

»Eine gute Frage. Unsere Position haben wir jeden Tag nach Hamburg an die Reederei durchgegeben. Dort ist man theoretisch mitgefahren. Und Kapitän Raasch hat das natürlich sehr interessiert. Er hat die Positionen in Hamburg abgefragt und auf seinem Schiff in die Karte eingetragen. Auf der *Bremen* interessieren sich viele Offiziere und Mannschaften und auch Passagiere für unsere Fahrt. Mancher von ihnen war ja schon auf der *Frontier Spirit* mit dabei.«

»Gibt es für einen Kapitän noch eine Steigerung zur Nordwest-Passage?«

»Das ist sehr schwer zu sagen. Ich bin seit 35 Jahren immer durch verschiedene Steigerungen gegangen. Von der Frachtschiffahrt zur Tankschiffahrt und dann zur Passagierschiffahrt. Erst Expeditionsreisen, dann Fahrten auf dem größten Passagierschiff der Welt, der *Norway*. Ich sehe die Nordwest-Passage auch nicht als Steigerung in meiner Laufbahn an, sondern einfach als ein ganz neues Fahrtgebiet, in dem sich der Mensch mit all seiner Technik mit der Natur messen kann. Dabei finden wir dann ganz schnell wieder zurück zu einer dringend notwendigen Bescheidenheit.«

Die Amundsen-Route ist zur logischen Route der Nordwest-Passage geworden – bis Point Barrow. Roald Amundsen begründet das so:

»Ehe ich auf meine abenteuerliche Fahrt auszog, konnte ich im Jahre 1899, dank einem besonderen Glücksfall, von einem alten Herrn in Grimsby in England eine ganze Bibliothek über die nordwestliche Durchfahrt kaufen. Dadurch hatte ich mich über die gesamte Literatur dieses Unternehmens eingehend unterrichtet, ehe ich meinen erfolgreichen Vorstoß unternahm. Ein Blick auf die Karte des Nordpolgebietes verführt zu dem Glauben, daß es dort zahllose befahrbare Wasserstraßen gibt, die das Inselgewirr von der amerikanischen Nordküste trennen. Auf den ersten Blick sieht es so aus, als müßte der selbstverständlichste Weg westlich vom Nordende von Boothia Felix in fast gerader westlicher Richtung führen, denn dort scheint die Karte durchgehend offenes Wasser anzuzeigen. Dies ist auch tatsächlich die Route gewesen, die von den meisten früheren Forschern ergebnislos versucht worden war. Im Gegensatz hierzu habe ich bei meinem erfolgreichen Wagnis die Westküste von Boothia Felix in südlicher Richtung bis zur Südspitze der König Wilhelm Island umfahren und mich erst dann, immer dicht an der Küste, westwärts gewandt. Ich verdanke einen guten Teil meines Erfolges jenem alten Herrn in Grimsby, denn in einem seiner Bücher, dem Bericht des Admirals Sir Leopold McClintock über seine Suche nach Sir John Franklin, las ich die Vorhersage, daß die richtige Durchfahrt auf einer südlicheren Route als der von den bisherigen Forschern gewählten gefunden werden würde. Dieser Vorhersage war es hauptsächlich zu verdanken, daß ich diesen Kurs wählte.«

Wir verlassen Point Barrow noch am gleichen Tag unserer Ankunft, sehen das Eis kommen und das Spielen der vielen Grauwale vor ihm.

Die Nordost-Passage

Am 6. September sind wir unterwegs nach Little Diomed. Diese Insel liegt mitten in der Bering Strait direkt an der Grenze nach Sibirien. Nachts um zwei Uhr klingelt das Telefon. Cecilia ist am Apparat und ruft nur: »Nordlicht, kommt an Deck.« Wir stürzen in Parkas und Stiefel und steigen hinauf zum Deck. Im schwarzen Nachthimmel steht der Große Bär, und um ihn herum hängen leuchtende grüne Fahnen, wie ich sie nie vorher gesehen habe. Helle Schleier lösen sich aus dem Himmel und wehen wie von einem zarten Lufthauch bewegt in leuchtenden Riesenwellen um das Sternbild des Nordens. Ich habe keine Kamera dabei, und Renate hält mich am Arm: »Vergiß deine Kamera, schau einfach nur!«
Wie gut das tut, einfach nur schauen und begreifen; das ist wieder ein goldener Pflasterstein dieser endlos großen Reise durch den Rand der Welt. Von der Brücke aus wird alles Licht gelöscht, das läßt das Nordlicht noch heller erglühen. Die Farbe wechselt von Grün nach Rot. Der Himmel brennt, und dann verblaßt das Licht und die Sterne des Großen Bären sind wieder allein da. Wir stehen noch lange draußen in der Dunkelheit und recken unsere Köpfe in diesen weiten arktischen Himmel. Das war wieder Gottesdienst – wie damals in der Disko Bucht und wie so oft in der großartigen Wildnis der Nordwest-Passage.

Hanseatic, am 10. September

Am frühen Morgen erreichen wir Dutch Harbor auf den Aleuten. Eine große Fahrt geht zu Ende. Einige Passagiere beginnen schon, ihre Koffer zu packen. Wir gehen mit Schulbussen auf Stadtrundfahrt. Zurück an Bord, läuft mir Werner Stambach über den Weg:
»Du Helfried, dein Freund Arved Fuchs ist an Bord!«
»Das ist ein schlechter Witz, Arved Fuchs steckt mit seiner *Dagmar Aaen* mitten in der Nordostpassage, hoffentlich fährt er und steckt nicht!«
»Die *Dagmar Aaen* liegt hier im Hafen, und Arved Fuchs steht bei uns unter der Dusche. In 10 Minuten spricht er auf Einladung des Kapitäns zu uns. Ich habe ihm erzählt, daß du an Bord bist. Crew-Mitglieder haben ihn irgendwo im Hafen aufgestöbert und mitgebracht. Der Kapitän ist hocherfreut über so einen prominenten Besucher zum Abschluß unserer Fahrt.«
Was für eine Überraschung. Im vergangenen Jahr war Arved Fuchs auf dem Weg in seine Nordwest-Passage, und wir trafen uns im Süden Grönlands, plauderten eine halbe Nacht auf seiner gemütlichen *Dagmar Aaen* – und tranken guten Whisky dabei. Jetzt kommen wir selbst aus der Passage und laufen uns schon wieder über den Weg. So klein ist die Welt unter Globetrottern.

Renate und ich sausen in unsere Kabine, werfen die Jacken auf das Bett und laufen wieder hoch in die Explorer Lounge. Arved Fuchs kommt frisch geduscht und gut gelaunt im Outfit seiner *Icesail*-Expedition herein, schließt Renate in seine kräftigen Arme und reicht mir dann lachend seine große starke Hand!
»Hallo, ihr fahrt vielleicht auf einem tollen Dampfer. Das schönste daran sind die Duschen, hab' ich bitter nötig gehabt. Und Glückwunsch auch zur Nordwest-Passage.«
»Darf ich dir zur Nordost-Passage gratulieren?«
»Die Nordost-Passage habe ich nur halb gemacht, wir sind zurückgefahren – aber das erzähle ich gleich.«

Die Lounge füllt sich rasch bis auf den letzten Platz. Unter dem Beifall aller Passagiere, Offiziere und Mannschaften übernimmt Arved Fuchs das Mikrofon:

»Danke für den Applaus und danke für die Dusche. Es ist auch für mich überraschend, hier zu stehen. Ich hatte gehört, daß die *Hanseatic* erst morgen in Dutch Harbor einlaufen soll. Plötzlich standen Crewmitglieder bei mir an Bord und weckten mich. Das ging alles so plötzlich, und deshalb stehe ich auch in Arbeitsklamotten hier vor Ihnen. Zunächst einmal einen ganz herzlichen Glückwunsch zur Nordwest-Passage. Ich weiß, wie schwer diese Passage ist, selbst für ein so modernes und großes Schiff. Die Größe und Stärke des Eises haben wir erst vor wenigen Wochen auf der anderen Seite der Passage zu spüren bekommen. Das Eis ist eben doch der mächtigere Teil, ganz gleich wie groß und stark das Schiff auch ist. Wenn man allerdings mit einem so kleinen Schiff unterwegs ist wie wir mit der *Dagmar Aaen*, einem Segelschiff von 18 Meter Länge, dann bekommt das noch eine ganz andere Dimension. Man gewinnt da nur Ehrfurcht, und das sage ich ganz ohne Pathos in der Stimme. Die Ehrfurcht vor der Natur, vor den Naturgewalten bekommt man da so richtig zu spüren.

Im letzten Jahr sind wir von Norwegen bis hinauf nach Thule, nach Qaanaaq, gesegelt und dann rüber nach Kanada. Mitte August haben wir Resolute erreicht. Die Eisverhältnisse waren sehr schwer, der Zugang zum Peel Sound war von Eis versperrt, ebenso die Barrow-Straße. Wir sind dann bis Beechey Island zurückgefahren und von dort aus in das Prince Regent Inlet hinunter, um von dort aus in die Bellot Straße zu gelangen. Aber dort wurden wir von sehr schlechtem Wetter überrascht und gerieten in allerschwerste Eispressungen hinein. Die *Dagmar Aaen* wurde regelrecht aus dem Eis herausgehebelt. Nansen hatte ja schon die Idee und sagte, Schiffe müssen so gebaut werden, daß sie vom Eis nicht zerdrückt, sondern wie ein Ei nach oben gequetscht werden, damit sie auf den Schollen liegen und dann aus der eigentlichen Gefahrenzone heraus sind. Aber ganz so einfach, wie sich das anhört, ist die Sache natürlich nicht. Wir hatten damals acht Tage lang in den Pressungen zugebracht, und dabei gab es natürlich manche bange Minute. Aber dann lockerte sich das Eis wieder, und unser Schiff fiel zurück in das Wasser. Eine Weiterfahrt durch die Bellot-Straße war unmöglich, das Eis war dort so dicht, daß selbst kanadische Eisbrecher aufgeben mußten. Ein Eisbrecher wollte vom Peel Sound aus zu uns durchfahren. Das Eis hat ihn zur Umkehr gezwungen. Wir sind dann wieder bis zur Barrow-Straße nach Norden gefahren, und es gelang uns, durch ein Nadelöhr in den Peel Sound zu schlüpfen. Im Süden wählten wir die Ross-Straße, dann folgten wir der gleichen Route, wie sie die *Hanseatic* fuhr. Mitte Oktober kamen wir in Dutch Harbor an, hier hat unser Schiff überwintert. Im Juli dieses Sommers brachen wir dann wieder auf, zunächst zu den Pribilof Inseln und dann weiter nach Rußland. Unser Ziel war die Nordost-Passage, die wir bereits zur Hälfte 1991 und 1992 befahren haben. Wir wollten jetzt den Kreis um den Pol schließen und durch die Nordost-Passage zurück nach Europa segeln. Der Papierkrieg war für uns in Rußland größer als der Kampf gegen

Arved Fuchs treibt sich in Dutch Harbor herum, kommt aus der Nordost-Passage und hält in der Explorer Lounge der *Hanseatic* seinen ersten Vortrag über sein letztes Abenteuer ICESAIL. Von l. n. r.: Renate Weyer, Kaptiän Hartvig von Harling, Arved Fuchs und Helfried Weyer.

Cecilia Unger (links) aus Norwegen ist auf allen Weltmeeren zu Hause, besonders aber in arktischen und antarktischen Gewässern. Sie war während der Passage Stellvertreterin des Cruisedirektors.

Captain Tom A. Irvine aus Kanada (rechts) arbeitete auf der Brücke als erfahrener Icemaster und hielt ständig Kontakt zur Coast Guard.

Die »Macher« der Nordwest-Passage.
Die Nordwest-Passage ist trotz aller technischen Möglichkeiten, die heute der Schiffahrt zur Verfügung stehen, eine große Herausforderung an ein Schiff und seine Führung. Über den Erfolg oder Mißerfolg einer Durchfahrt entscheidet allein das Eis.

Kapitän Hartvig von Harling (rechts) gehört zu den erfahrensten Kreuzfahrtkapitänen. Unter seinem Kommando durchfuhr die *Hanseatic* als viertes und größtes Passagierschiff erfolgreich die Passage.

Neben dem Kapitän standen gleich zwei Erste Offiziere auf der Brücke (links). Thilo Natke (links) und Randolph Hess (Mitte). Beide Offiziere brachten viel Erfahrung aus Arktis und Antarktis mit. Bettina Stambach (rechts) arbeitete als Hostess und Reiseleitung und war eine unermüdliche Zodiac-Fahrerin.

Dr. Holger Dietz (unten) war Schiffsarzt, Zodiac-Fahrer und Ornithologe in einer Person. Eiserfahrung konnte der Mediziner vor der Nordwest-Passage bereits als Leiter der Deutschen Georg-von-Neumayer-Station während einer Überwinterung in der Antarktis sammeln.

Dirk Moldenhauer (links) fuhr nicht mit durch das Eis, sondern arbeitete in seiner Hamburger *Hanseatic*-Zentrale und trug dort die Verantwortung und das Risiko der Durchfahrt. Seiner Planung und Entscheidung verdanken die Passagiere das einzigartige Abenteuer Nordwest-Passage.

Werner Stambach (links unten) hatte die Verantwortung als Cruisedirektor und war maßgeblich an den jahrelangen Vorbereitungen zur Nordwest-Passage beteiligt.

Leitender Ingenieur war Michael Tröger (dritter von links auf dem unteren Bild) mit seiner Crew, der ständig die Maschine überwachte und alle technischen Probleme sicher im Griff hatte.

»Mein Vater, Ihr habt wohlgesprochen; Ihr verkündet, das Himmelreich sei wunderschön; aber sagt mir doch noch eines. Ist es gar schöner als der Sommer im Land der Moschusochsen, wenn der Nebel über die Seen treibt und das Wasser blau ist und die Eistaucher unentwegt schreien?«
Salantha Caribou – Inuit.

das Eis. Wir bekamen immense Schwierigkeiten im Verwaltungsbereich, und ich habe den Eindruck, daß es sich bei den russischen Bürokraten noch nicht rumgesprochen hat, daß der Kalte Krieg vorbei ist. Wir hatten alle Genehmigungen vorliegen, um durch die Passage zu fahren. Von der Marine, vom Militär, vom Grenzschutz und von der Nachfolgeorganisation des KGB. Unser russischer Teilnehmer hatte alle notwendigen Genehmigungen rechtzeitig eingeholt. Aber das bedeutet in Rußland noch lange nicht, daß man frei ist und einfach losfahren darf.

Wir kamen nach Providenija und sollten dort einen russischen Lotsen an Bord nehmen. Der war aber noch in Murmansk und scheinbar auch gar nicht willens, nach Providenija zu reisen. Er meinte lakonisch, das habe ja noch alles sehr viel Zeit. So hielt man uns hin und fest.

Im nächsten Jahr möchte eine russische Expedition durch die Passage segeln. Wir haben das Gefühl, die wollen die ersten sein und ihre Sache zu einem nationalen Anliegen machen. So hat man uns öffentlich im Fernsehen, im Rundfunk und in der Presse ständig boykottiert. Wir verloren durch dieses Hickhack zwei wertvolle Wochen. Diese Zeit kann bei so einem Unternehmen über Erfolg und Mißerfolg entscheiden. In der Passage muß man zum richtigen Zeitpunkt an der richtigen Stelle sein. Das haben Sie ja jetzt selbst erfahren. Als wir dann endlich lossegeln durften, zog ein Nordsturm auf. Wir bekamen bis zu 50 Knoten Wind, das ist sehr viel und entspricht Windstärke 10. Wir steckten mitten im alten Multiyearice und gerieten erneut in schwerste Eispressungen, wobei das Schiff eine ganze Nacht lang wie ein Korken auf den Eisschollen hin und her tanzte. Wir konnten die Schraube nicht mehr benutzen und setzten trotz des Sturmes Segel, um rutschenderweise auf dem Eis den großen Schollen aus dem Weg zu gehen. Wir fürchteten, daß die viele Meter hohen Schollen bei uns auf das Deck schlugen. Das wäre das Ende der *Dagmar Aaen* gewesen. Das waren sehr schwere und dramatische Momente. Wir kamen dann segelnd und rutschend dicht unter Land, da war das Wasser flach, so daß die Schollen schon vorher auf Grund liefen. Damit hatten wir eine Schutzzone gefunden. Zwei Tage später gerieten wir wieder in große Bedrängnis, und uns wurde klar, daß wir einfach zwei Wochen zu spät dran sind. Die Russen gaben uns keine Informationen über die Eisverhältnisse und auch nichts über das Wetter, obwohl das alles vorher vertraglich zugesichert wurde. Die wenigen Informationen, die wir endlich bekamen, waren unzuverlässig und sogar falsch. Wir entschlossen uns deshalb zum Rückzug. Nicht das Eis hat uns blockiert, sondern die russische Bürokratie.

Aber Aufgabe bedeutet in so einem Fall nicht Mißerfolg. Nein, es war eine große Erfahrung, und wir alle haben sehr viel dazugelernt. Ich sage, wir haben eine besonders spannende Etappe in der russischen Arktis erlebt. Wir konnten den Kreis um den Pol nicht ganz schließen – aber unser Hauptziel war der Weg, und den haben wir gemacht.«

Arved Fuchs beschließt unsere Nordwest-Passage mit seinem ersten Vortrag über die Nordost-Passage. Ist die Arktis wirklich so groß?

Wir sind durchgekommen, wo andere aufgaben und starben oder – in unserer Zeit zumindest steckenblieben.

»Glück gehabt«, sagte der Kapitän, der während der gesamten Reise sein persönliches Maskottchen auf der Brücke hatte:
Amundsens *Gjöa* als Buddelschiff.
Diese kleine *Gjöa* war ein gutes Maskottchen – und jetzt ist sie sogar wie ihr großer Bruder durch die Nordwest-Passage gefahren. Irgendwann hat mir der Kapitän erzählt, daß er ein zweites Buddelschiff mit der *Gjöa* mitgebracht habe, um dieses zweite Buddelschiff so wie die Rumflasche auf Beechey Island in Gjoa Haven zu hinterlegen – zur Erinnerung an das vierte Kreuzfahrtschiff in der Nordwest-Passage. Der Kapitän hat mich informiert, ich sollte den Vorgang im Bilde festhalten.

Aber wir kamen nicht nach Gjoa Haven und konnten das Buddelschiff nicht hinterlegen. Das Eis war gegen diesen Abstecher.

Ich klopfe beim Kapitän und erinnere an das zweite Schiff in der Flasche. Er versteht meinen Wunsch sofort.
Glück gehabt – und danke. Mein letzter goldener Pflasterstein!

»Wir gingen gemeinsam zu dem kleinen Schiff, mit dem Amundsen zum Magnetischen Nordpol fahren will. Er hat sie *Gjöa* genannt. Sie ist 21 Meter lang und 6 Meter breit und hat 47 Tonnen. Er hat sie mit einer kleinen Maschine ausrüsten lassen, die mit Petroleum angetrieben wird und mit der sie 5 Knoten laufen soll. Wir machten eine kurze Fahrt im Fjord. Fridtjof Nansen hat eine hohe Meinung von dem jungen Roald Amundsen.«
Sir Clemens Markham, Präsident der Royal Geographic Society in London, im Oktober 1902 in Christiana.

»Wer den nördlichen Ozean nicht mit eigenen Augen im Sturm gesehen hat, weiß nicht, was das Wort Eis besagt. Er kennt Eis nur als die stille, glänzende Decke über Binnengewässern. Er kann sich daher auch nicht vorstellen, wie sehr das Eis für den Eismeerfahrer die Macht des Schicksals bedeutet. Er möge sich jedoch vergegenwärtigen, daß es hart wie Stein ist und in der Arktis zu einem schwimmenden Eisblock werden kann, wenn es in der Strömung treibt, oder gar zu einem Vorgebirge aus härtestem Granit, wenn es strandet und auf Grund sitzt. Er möge sich nun auszumalen versuchen, wie mehrere solcher Gebirge aus granithartem Kristall von einer rapiden Gezeitenströmung durch eine enge Meeresstraße gejagt werden und wie sie mit Donnergetöse gegeneinanderprallen. Riesige Trümmer brechen dabei ab, oder einer der Eisriesen stürzt um und wühlt das Meer zu haushohen Brechern auf. Man mag sich endlich noch ausmalen, mit wie ungeheurem Toben und Krachen die Treibeisfelder gegen Küsten oder Klippen anrennen, wenn Strömung oder Sturm oder beide zusammen mit ihnen spielen. Da lernt man begreifen, wie klein und hilflos Mensch und Menschenwerk gegenüber Naturgewalten sind. Niemals kann man voraussehen, was der nächste Augenblick bringt. Er kann der Untergang, aber auch die Rettung sein, die man schon nicht mehr für möglich hielt. In solcher Bedrohung hat man meistens gar keine Zeit zur Angst. So schnell geschieht das Unerwartete, so schnell geht es vorüber.«

Sir John Ross

Anhang

Danke

sage ich an dieser Stelle der Schiffsleitung sowie der gesamten Besatzung und allen Passagieren für ihr Verständnis und für die Hilfsbereitschaft bei meinen fotografischen Arbeiten während der Nordwest-Passage. Mein ganz besonderer Dank gilt Dr. Christine Reinke-Kunze für die Durchsicht meines Manuskriptes und für viele wertvolle Korrekturen.

Danke

sage ich Norbert Rosing, der mir das Eisbärenbild auf Seite 55 zur Verfügung stellte. Norbert Rosing gehört zu den besten Naturfotografen und ist ein wahrer Spezialist für Eisbären. Allen Tier- und Fotofreunden empfehle ich seinen großartigen Bildband *Polarbären* (erschienen 1994, Tecklenborg Verlag).

Zur Fotografie

Alle Aufnahmen dieses Buches entstanden mit der *Rolleiflex 6/6* Mittelformatkamera auf *Kodak Ektachrome EPR 64* Film. Eine bessere Kamera und einen besseren Film gibt es für meine Arbeiten unterwegs nicht.
Warum sollte ich auf die hohe Fotoqualität verzichten, wo Rolleifotografie doch heute möglich ist?

Literatur

Roald Amundsen
Die Nordwest-Passage
Albert Langen Verlag, München 1908

Roald Amundsen
Mein Leben als Entdecker
E.P. Tal & Co Verlag, Leipzig 1929

Helmut Höfling
Minus 69 Grad
Hochverlag, Düsseldorf 1976

Roland Huntford
Die Amundsen Photographien
Westermann, Braunschweig 1989

Jim Snyder
Schiff in der Wildnis
Interbook, Hamburg 1988

Knud Rasmussen
Die lange Schlittenreise
Dr. Hans von Chamier Verlag, 1946

Arved Fuchs
Abenteuer russische Arktis
Kiepenhäuer und Witsch, Köln 1991

Arved Fuchs
Wettlauf mit dem Eis
Kiepenhäuer und Witsch, Köln 1994

Arved Fuchs
Abenteuer Arktis
Orak/Pietsch, Stuttgart 1982

Owen Beattie
Der eisige Schlaf
Vgs Köln 1989

Kurt Lütgen
Das Rätsel Nordwest-Passage
Westermann, Braunschweig 1966

Edward Struzik
Die Nordwest-Passage
Westermann, Braunschweig 1991

Peter Milger
Nordwest-Passage
Vgs, Köln 1994

Hans Memminger
Die Arktis im Kajak
Rosenheimer, Rosenheim 1990

Hans Memminger
In Sturm und Eis
Rosenheimer, Rosenheim 1994

Stan Nadolny
Die Entdeckung der Langsamkeit
Pieper, München 1983

Martin Selber
Und das Eis bleibt stumm
Das neue Berlin, 1955

Sir John Ross
Zum Magnetpol in der Arktis
Hinstorff Verlag, Rostock 1991

Helfried Weyer
Kreuzfahrt hinter den Horizont
Umschau Verlag, Frankfurt 1991

Helfried Weyer
Alaska
Badenia Verlag, Karlsruhe 1980

Stern 8/94

Erfolgreiche Fahrten durch die Nordwest-Passage

1	1906	*Gjoa*	Roald Amundsen	Norway
2	1942	*St. Roch*	Henry A. Larsen	Canada
3	1944	*St. Roch*	Henry A. Larsen	Canada
4	1954	*Labrador*	O.C.S. Robertson	Canada
5	1957	*Storis*	H. L. Wood	USA
6	1957	*Spar*	C. W. Crewing	USA
7	1957	*Bramble*	H. H. Cartier	USA
8	1960	*Seadragon*	G. P. Steele	USA
9	1962	*Skate*	J. Skog	USA
10	1967	*J. MacDonald*	P. M. Fournier	Canada
11	1969	*Northwind*	J. D. McCann	USA
12	1969	*Manhattan*	R. A. Steward	USA
13	1969	*J. MacDonald*	P. M. Fournier	Canada
14	1969	*Manhattan*	R. A. Steward	USA
15	1969	*J. MacDonald*	P. M. Fournier	Canada
16	1969	*Northwind*	J. D. McCann	USA
17	1969	*Staten Island*	E. F. Walsh	USA
18	1970	*Hudson*	D. W. Butler	Canada
19	1970	*Baffin*	P. M. Brick	Canada
20	1975	*Skidegate*	P. Kalis	Canada
21	1975	*Pandora II*	R. Dickson	Canada
22	1975	*Theta*	K. Mara	Canada
23	1976	*J. E. Bernier*	F. Chouinard	Canada
24	1977	*Williwaw*	Willy de Roos	Holland
25	1978	*J. E. Bernier II*	Real Bouvier	Canada
26	1978	P. *Radisson*	P. Toomey	Canada
27	1979	*Louis St. Laurent*	G. Burdock	Canada
28	1980	*J. E. Bernier*	E. Chasse	Canada
29	1980	*Pandora II*	R. Jones	Canada
30	1981	*Hudson*	F. Mauger	Canada
31	1981	*Mermaid*	Kenichi Horie	Japan
32	1983	*Arctic Shiko*	J. Dool	Canada
33	1983	*Polar Circle*	J. A. Strand	Canada
34	1984	*Lindblad Explorer*	Hasse Nilsson	Bahamas
35	1985	*Polar Sea*	John T. Howell	USA
36	1985	*World Discoverer*	Heinz Aye	Liberia
37	1988	*Belvedere*	John Bockstoe	USA
38	1988	*Vagabond II*	W. Jacobsen	Canada
39	1988	*Henry Larsen*	S. Gomes	Canada
40	1988	*Society Explorer*	Heinz Aye	Bahamas
41	1988	*Canmar Explorer III*	(Various)	Canada
42	1988	*Martha Black*	R. Mellis	Canada
43	1988	*Polar Star*	Paul R. Taylor	USA
44	1989	*Polar Star*	R. Hammond	USA
45	1989	*Northhanger*	Rick Thomas	Britain
46	1989	*Mabel E. Holland*	David S. Cower	Britain
47	1989	*Arctic Nanabush*	Selby Wiseman	Canada
48	1989	*Artic Nanook*	Selby Wiseman	Canada
49	1990	*Polar Sea*	R. McClean	USA
50	1990	*Ikaluk*	R. Cormier	Canada
51	1991	*Terry Fox*	P. Kimmerly	Canada
52	1992	*Ikaluk*	R. Cormier	Canada
53	1992	*Kapitan*	Khlebnikov	Soviet
54	1992	*Frontier Spirit*	Heinz Aye	Bahamas
55	1993	*Dagmar Aaen*	Arved Fuchs	Germany
56	1994	*Hanseatic*	H. v. Harling	Bahamas

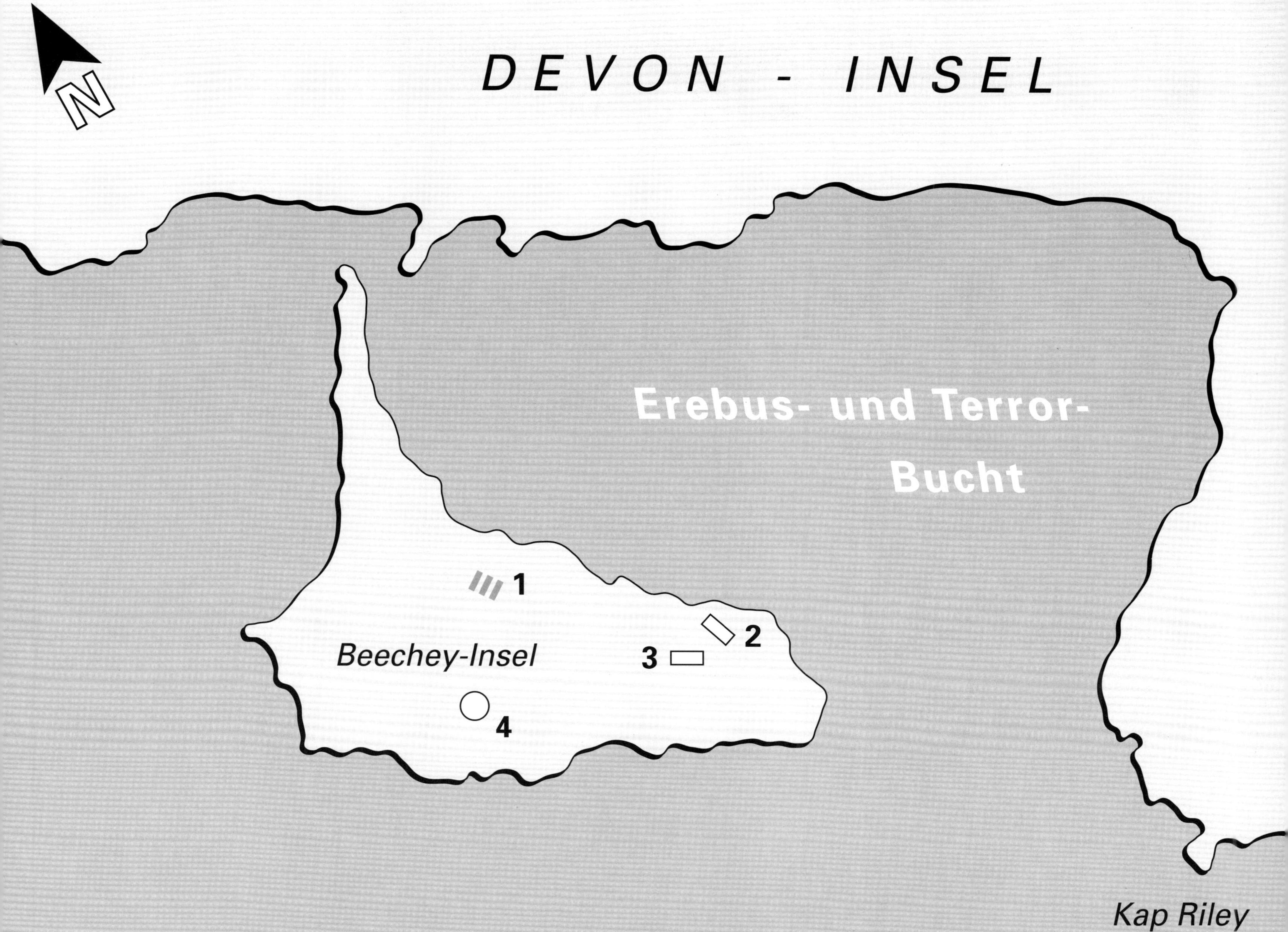

Die Beechey-Insel

1 Gräber
2 Northumberland House
3 Belcher-Säule
4 Franklins Steinmann

NIEUWE KAART VAN
na de alderlaatste ondek -
tot AMSTERDAM
door J. Keyser
DE NOORD PO
king int licht gebrac
door ISAAK TIRION
get. en gesn. 1735
DE GROOTE ZUID ZEE
NOORD POOL
Circulus Arcticus of Noord-Pools kring
YS ZEE
NOORD AMERICA
CALIFORNIE
NIEUW MEXICO
FLORIDA
LOUISIANE
CANADA
VIRGINIA
NIEUW ENGELAND
HUDSONS BAI
NIEUW WALLES
NIEUW DENEMARKE
TERRE LABRADOR
NIEUW BRETANJE
OUD GROENLAND
NIEUW GROENLAND
SPITSBERGEN
NOORD ZEE
YSLAND
BRITANISCHE EILANDE
EUROPA
SPANJEN
VRANKRYK
ITALIE
DUITSLAND
LAPLAND
DE MIDDELLANDSCHE ZEE
BARBARIE
KASPISCHE ZEE
DE ZWARTE ZEE
TURKS ASIA
GROOT TARTARYE
KAMTSCHATKA
COMPAGNIE LAND
DE GROOTE NOORD ZEE
VLAAMSCHE EIL.
Straat van Gibralter